VfB STUTTGART – IMPRESSIONEN
Eine Saison in Bildern

VfB STUTTGART – IMPRESSIONEN
Eine Saison in Bildern

Piper München Zürich

KircherBurkhardt
Rotebühlstraße 81
70178 Stuttgart

Ein Auge auf den VfB haben.
Und das ein ganzes Jahr lang, noch dazu
im Jubiläumsjahr. Was für ein Jahr,
was für eine Chance!
Eine Saison voller Emotionen. Große Bühne,
aber vor allem backstage. Dort,
wo sonst niemand hindarf. Wo Fußball
zwar ein Profigeschäft ist, aber
immer auch Gefühl. Ein ganz großes.
Eine Reise in das Herz einer Mannschaft und
die Seele eines Vereins. Wo jeder
Einzelne viel ausmacht und der Erfolg allen
zusammen gehört. So bekommt der
VfB nicht nur sein Gesicht, sondern auch
seinen Charakter.

Von diesem Erlebnis handelt dieses Buch.

Mein Lieblingsbild
Jeder (Schnapp-)Schuss ein Treffer

Alle Bilder in diesem Band haben eine persönliche Note, das werden Sie schnell feststellen. Aber dann gibt es noch die Bilder mit dem roten Punkt. Die haben eine ganz besondere persönliche Note. Die Spieler des VfB werden damit zu einem aktiven Teil dieses Buchs, denn sie haben aus Hunderten von Motiven ihre Lieblingsbilder ausgewählt – und auch selbst die Bildunterschrift gestaltet. Bilder mit dem roten Punkt.

Hautnah

Toby Binder und seine ganz besondere Sicht der Dinge

Die Sache mit den Nacktbildern zog sich hin. Ganz nah war er ihnen gekommen, über ein Jahr hinweg. So nah, wie für gewöhnlich kein Profiklub Fotografen an sich heranlässt. Hautnah. Aber dieses Buchprojekt ist alles andere als gewöhnlich, und Toby Binder, Jahrgang 1977, ist ein außergewöhnlicher Fotograf. Begonnen hat alles nicht erst im Sommer 2012, sondern mit einem selbst gebastelten Trikot des VfB Stuttgart, das er als Kind wenn überhaupt, dann nur unter Protest ausgezogen hat. In Deizisau, knapp 20 Kilometer vom Klubgelände entfernt, ist er aufgewachsen. Der Liebe zum roten Brustring ist er stets treu geblieben – an der Staatlichen Akademie der Bildenden Künste in Stuttgart (Kommunikationsdesign mit Schwerpunkt Fotografie) und als es ihn beruflich nach München verschlagen hatte. Selbst in Bayern blieb er standhaft: immer wieder VfB! Was für eine Aufgabe, zwei Herzensangelegenheiten miteinander zu verbinden – den Fußball und die Fotografie. Leidenschaften, die sich ergänzen. Das hat Toby Binder schon gespürt, als er für seine Diplomarbeit Fußballvereine in Schottland in Szene gesetzt hat. In seinem Jahr beim und mit dem VfB hat er erfahren, dass die Wahrheit nicht nur auf dem Platz liegt. Es kann auch mal der Duschraum sein. Der öffnete sich für ihn in dem Moment, als er das Vertrauen der Spieler gewonnen hatte. Denn Bundesliga-Mannschaften sind geschlossene Gesellschaften. Für gewöhnlich.

Ganz nah: Nach dem Einzug ins Pokalfinale fotografiert Toby Binder in der VfB Kabine die feiernden Spieler

Vorspiel.

Zwischenspiel. Da
der Bilder in dieser Saison.
Drehl

Nachspiel.
ist der Rhythmus
er Fußball schreibt dazu das
buch.

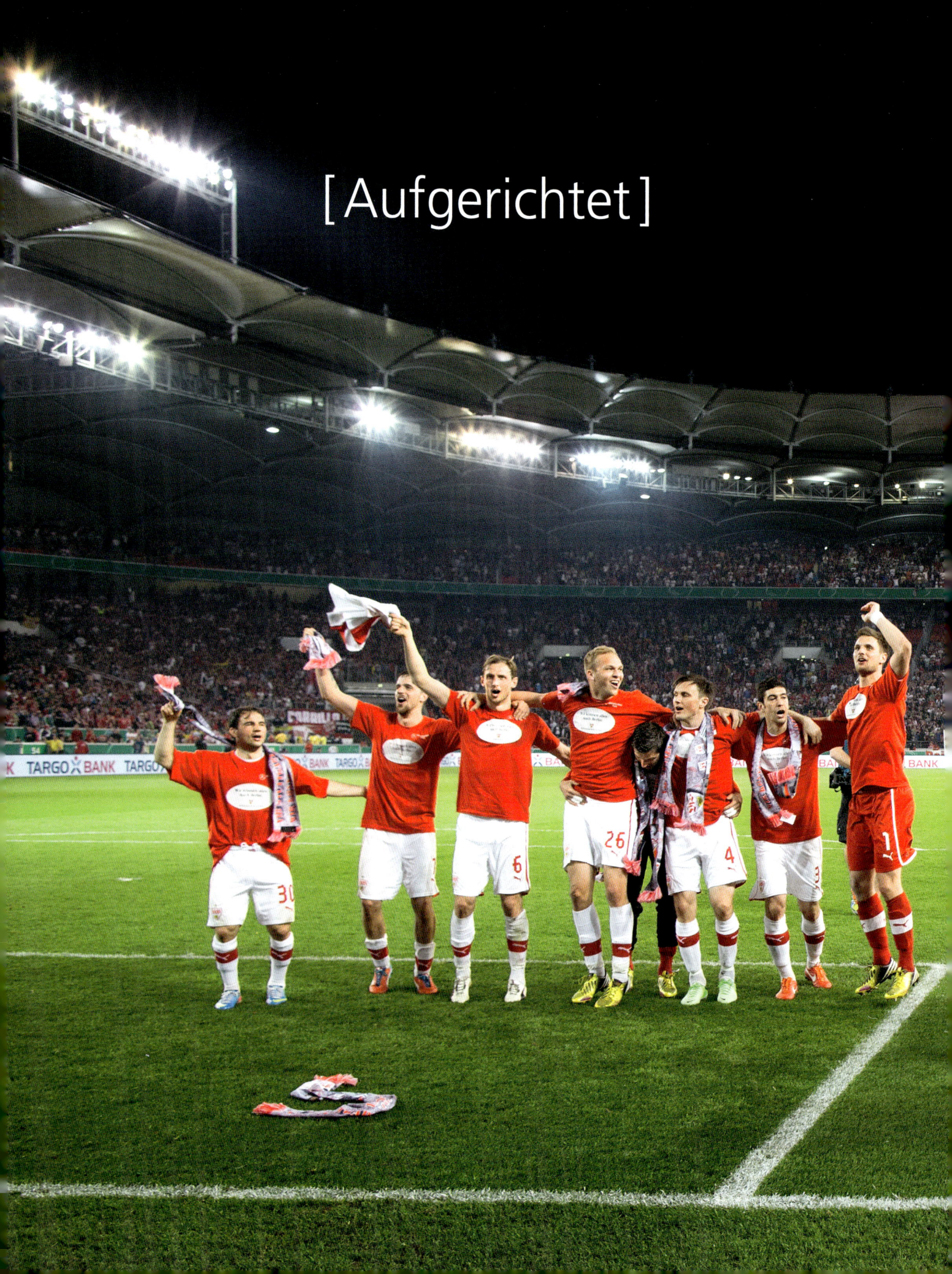

[Aufgerichtet]

[Linientreu]

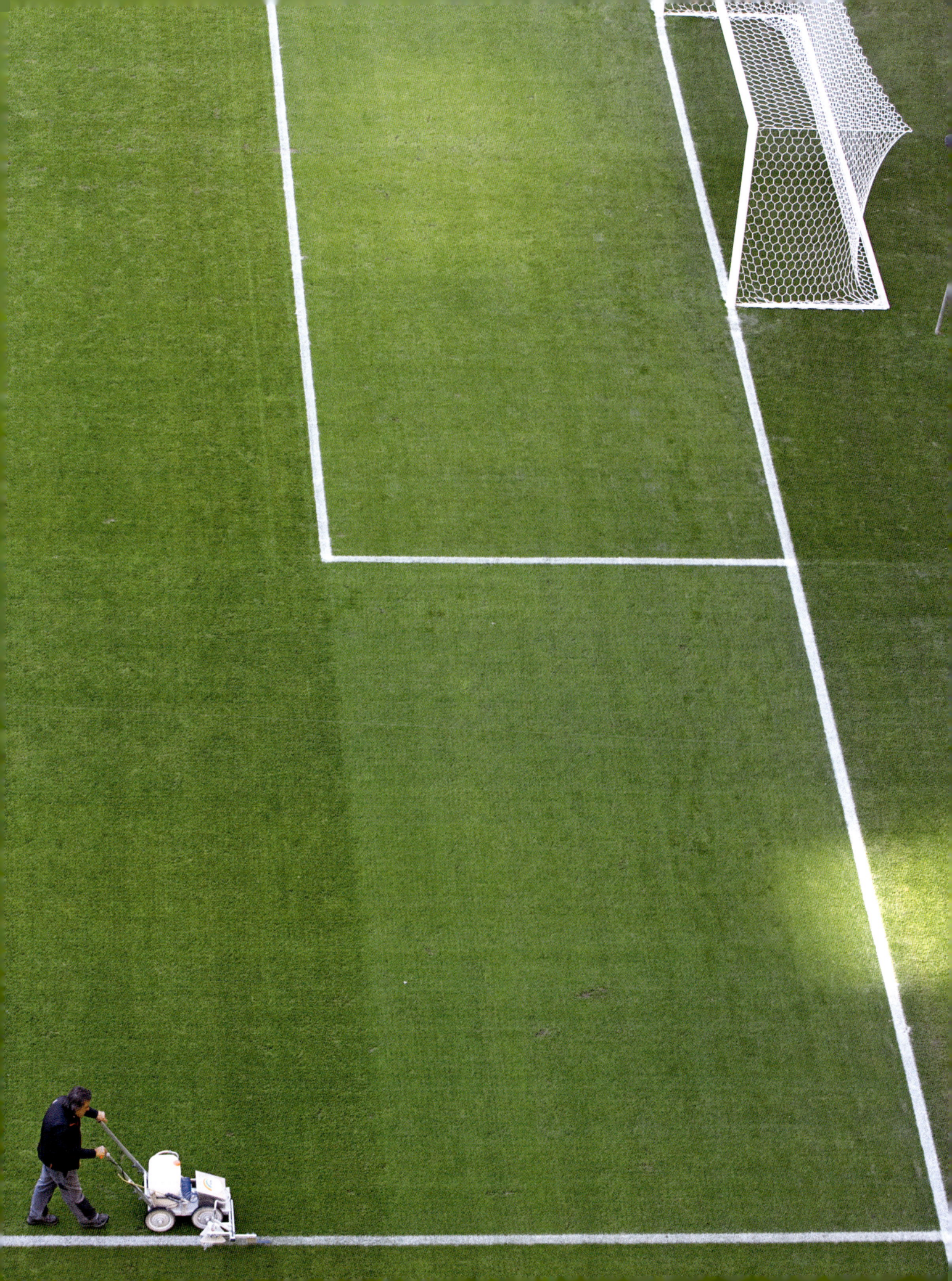

Die La[nd]
Kopf, Körpe[r]
Jedem neuen Anfang wohn[t]
Ein großes [W]

ndlust.

r und Kraft.

ein besonderer Zauber inne.

ersprechen.

Mein Lieblingsbild

Gotoku Sakai

„Arthur ist so ein erfahrener Spieler, aber trotzdem arbeitet er immer so hart."

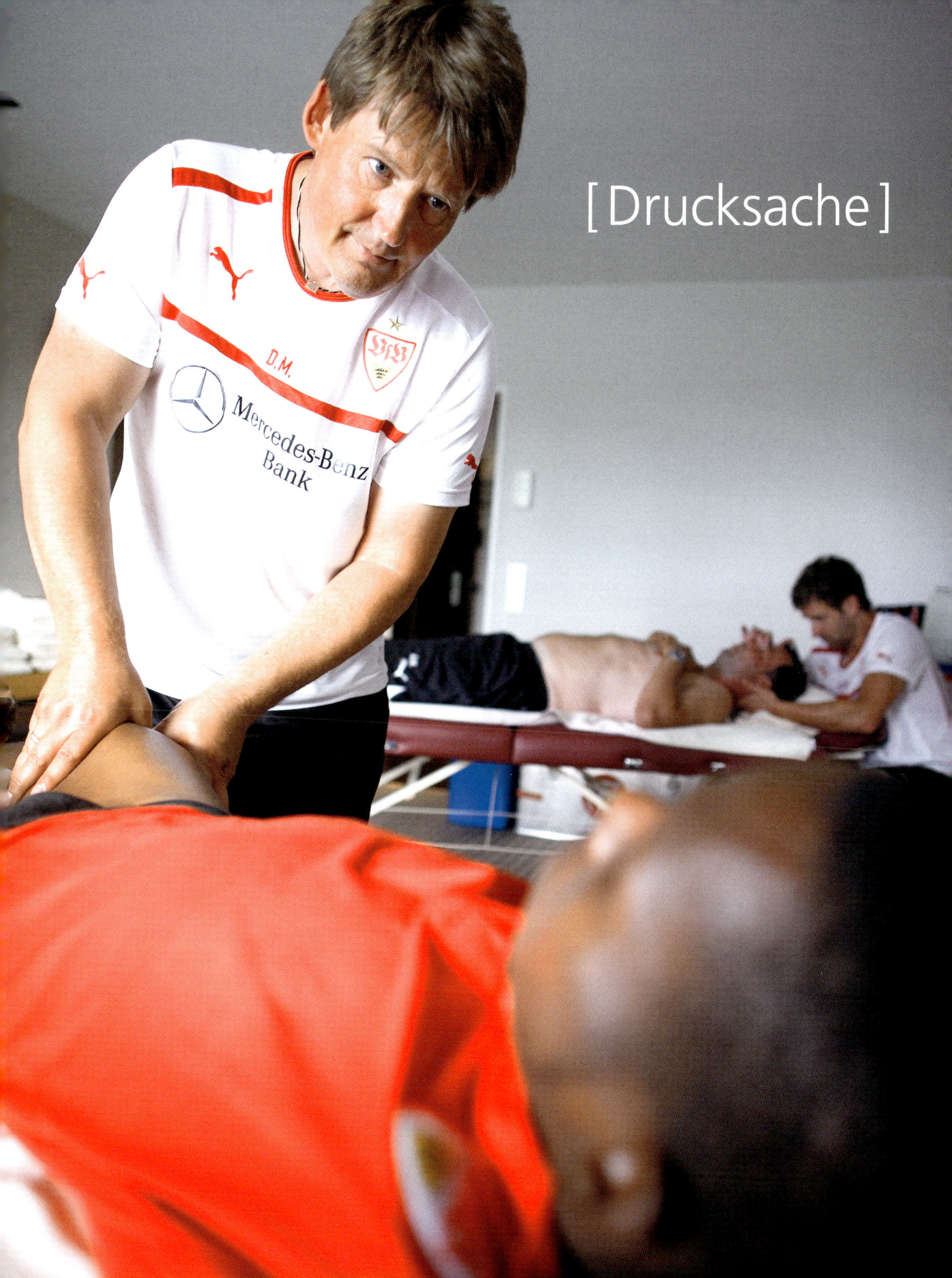
[Drucksache]

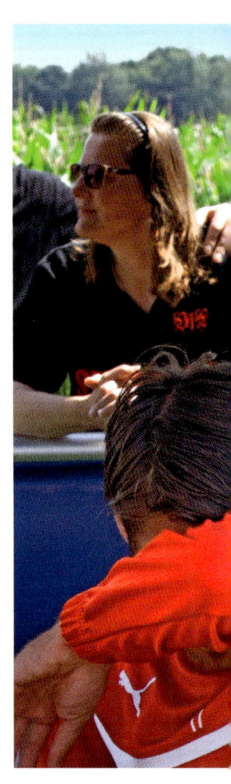

[Lager ohne Koller]

[Spring ins Feld]

[Dehnbar]

[Greifbar]

Mein Lieblingsbild
Martin Harnik

„Dieses Bild vermittelt die gute Stimmung innerhalb der Mannschaft."

Das ers
Beruf wird
Heimspiel, das betrifft nicht
Sache der g

te Mal.
Berufung.
ur ein Stadion. Denn das ist
nzen Stadt.

[Ins Blaue*]

*Eine Farbe, die ausschließlich im Himmel über Cannstatt gern gesehen wird

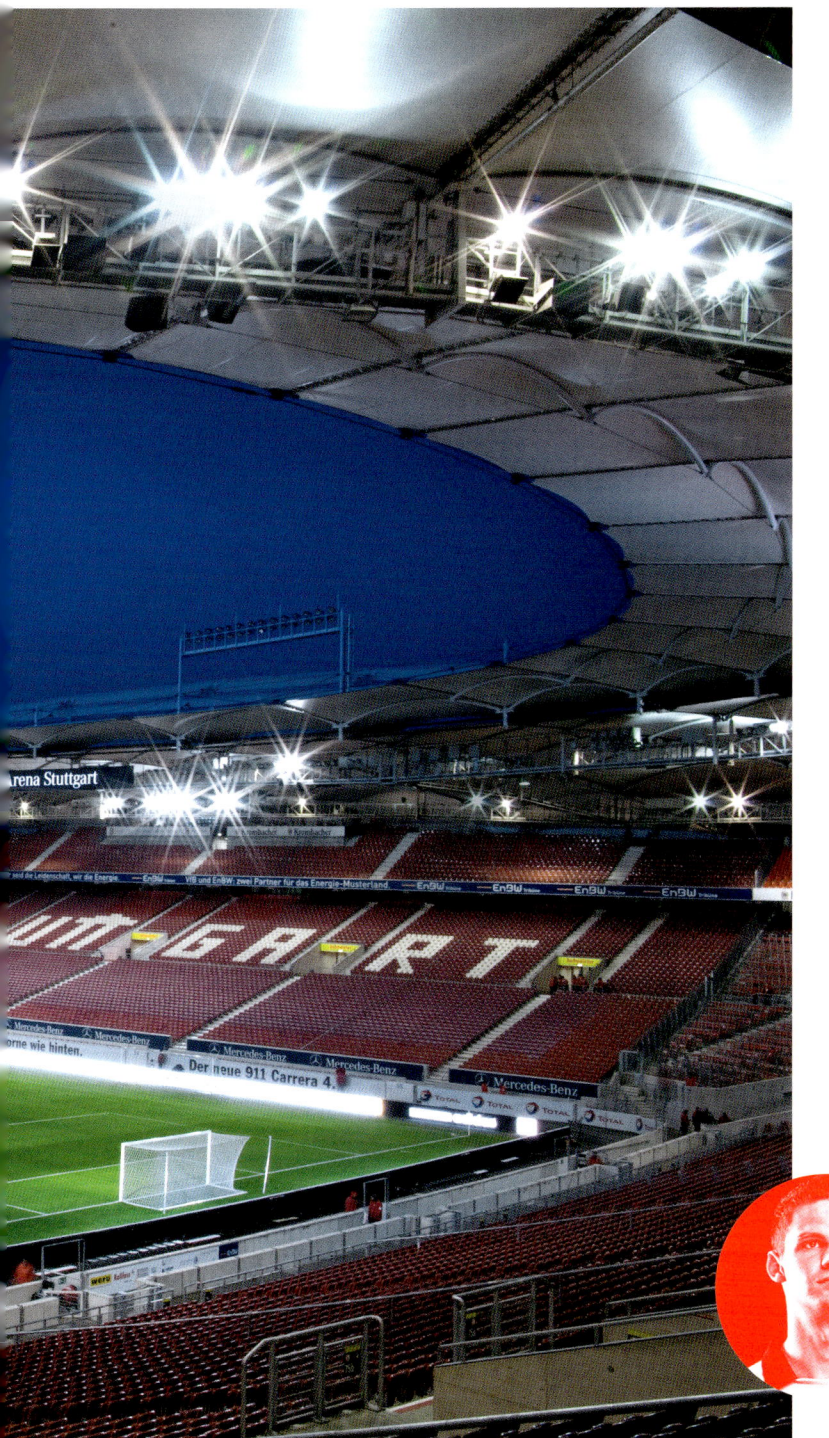

Mein Lieblingsbild
André Weis

„Voll ist es mir lieber."

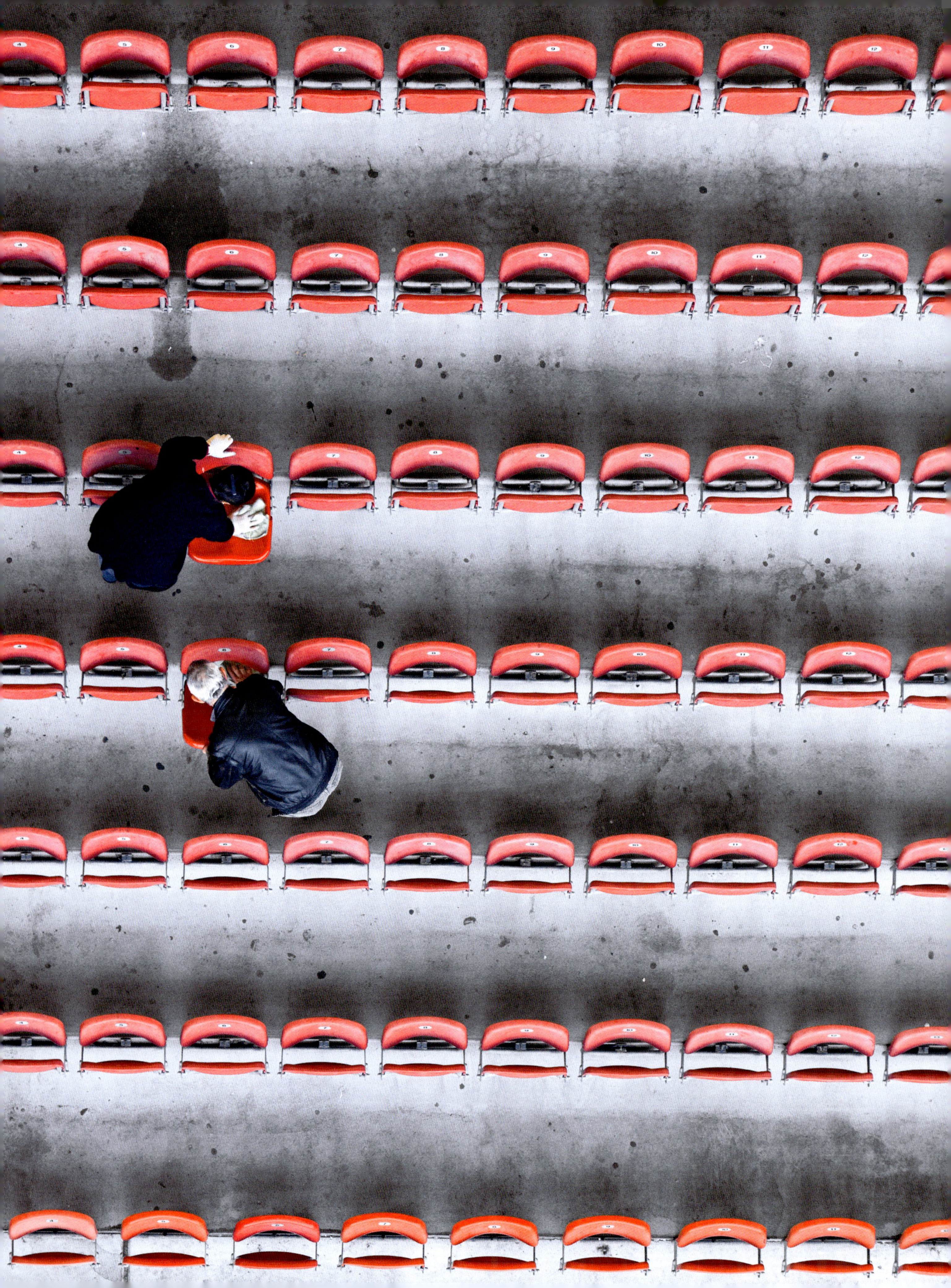

[Ordnungshalber]

38

[Schonkost]

[Schongang]

[Zentral-Bank]

41

MG0079

HEIM SIEG

VfB STUTTGART

[Liegt ums Eck]

Mein Lieblingsbild

Kevin Stöger

„Wir haben tolle Fans, die uns bei Heim- und Auswärtsspielen immer super unterstützen."

Mein Lieblingsbild
Benedikt Röcker

„Tunnelblick!"

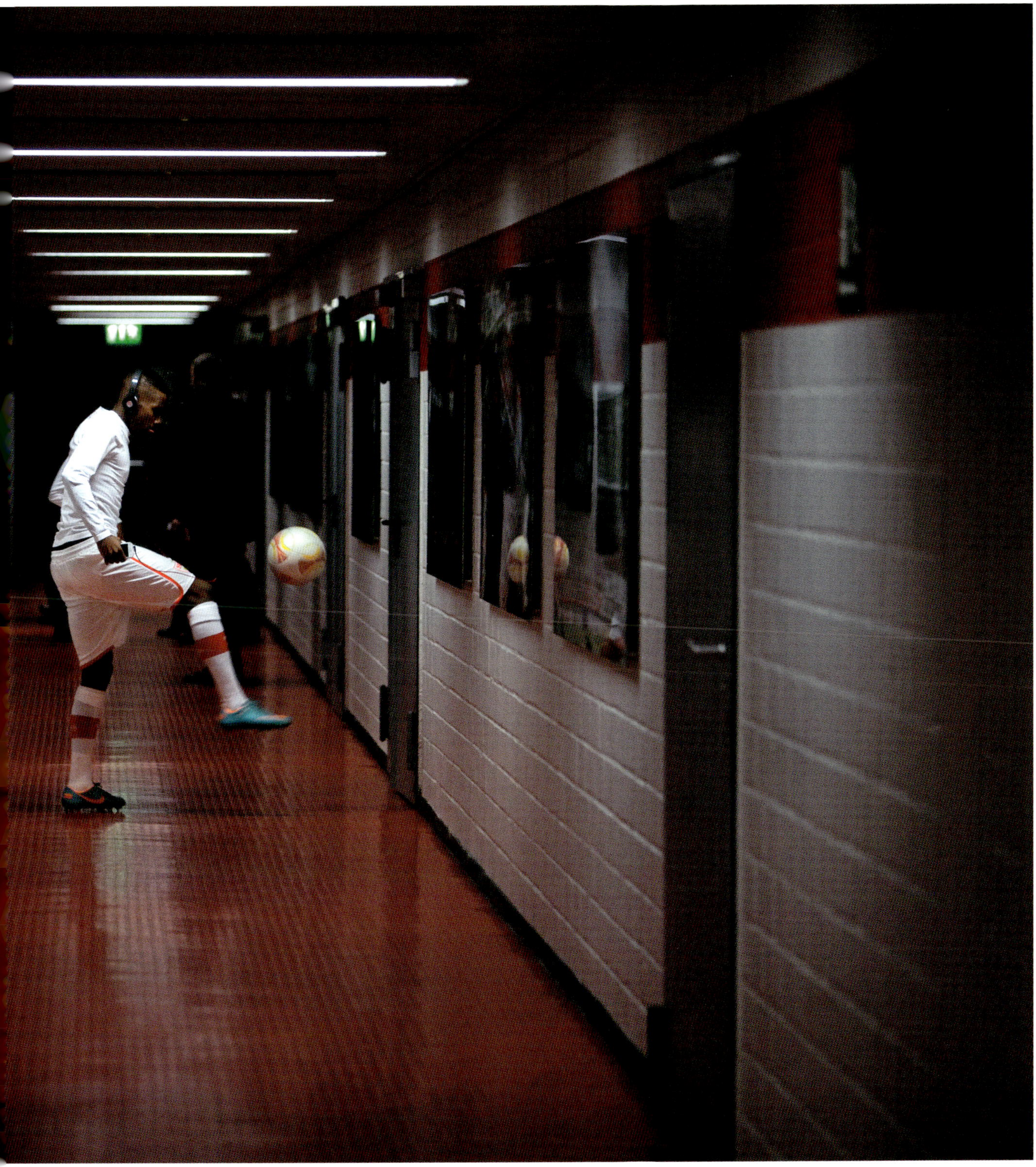

[Bitte gut einpacken]

47

[Tunnel of love]

49

Mein Lieblingsbild

Marc Ziegler

„Ich finde es toll, wie das Mädchen mitfiebert."

[Ins Netz gegangen]

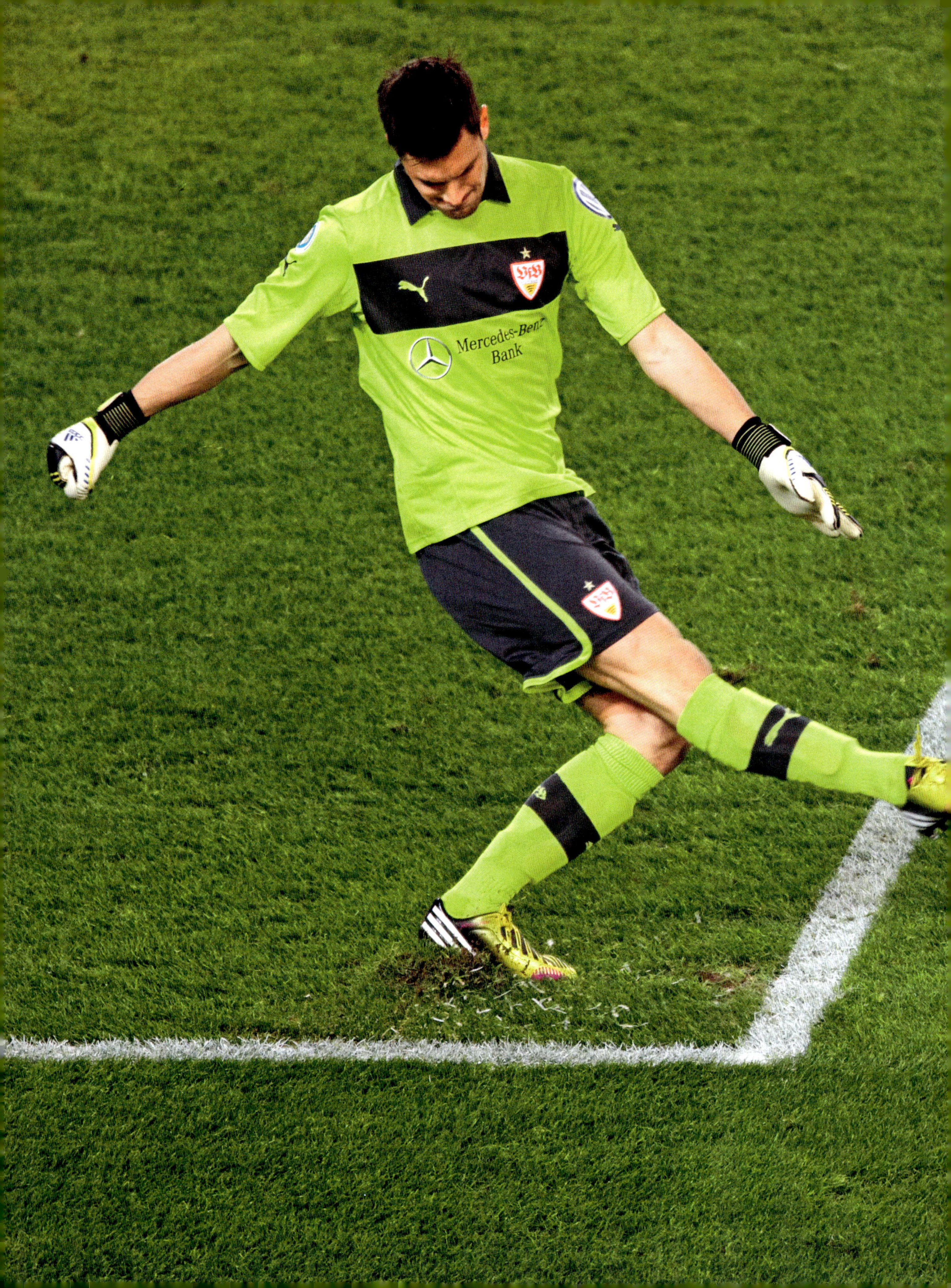
Mercedes-Benz
Bank

[Kick-off]

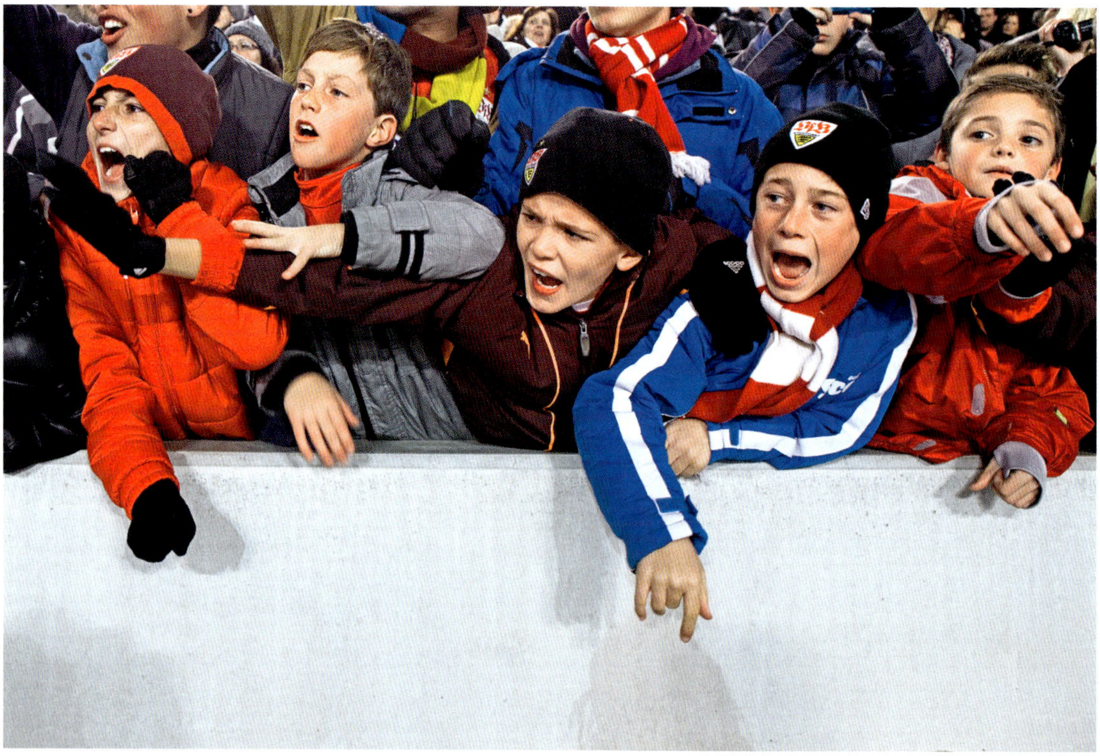

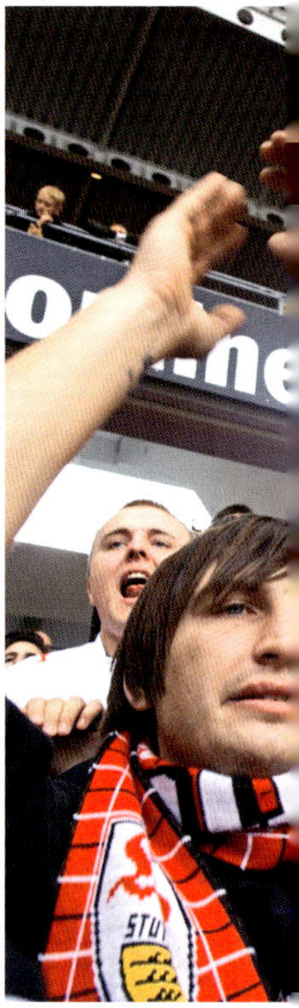

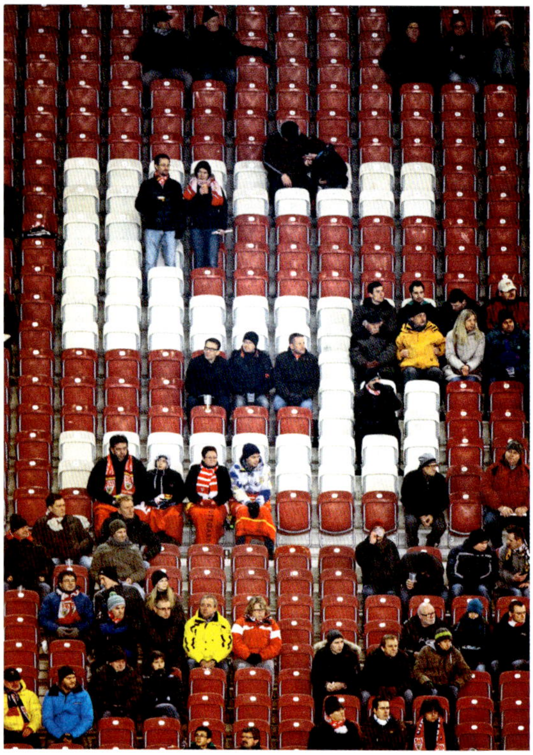

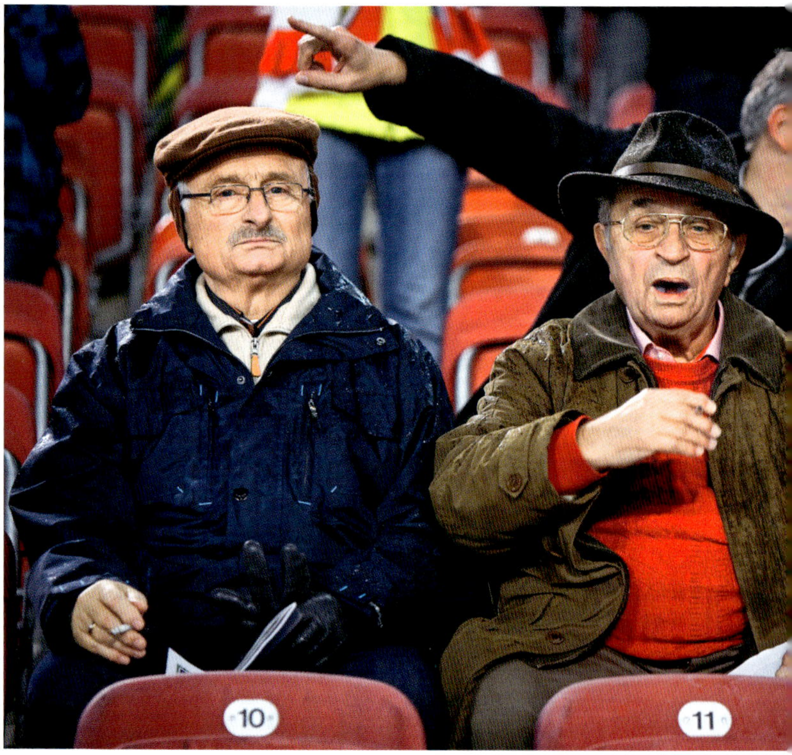
10
11

[Every face tells a story*]

* Aber warum denn nur eine Geschichte?

Mein Lieblingsbild

Alexandru Maxim

„Man sieht, mit welcher Begeisterung die jungen Fans mit dem VfB mitfiebern."

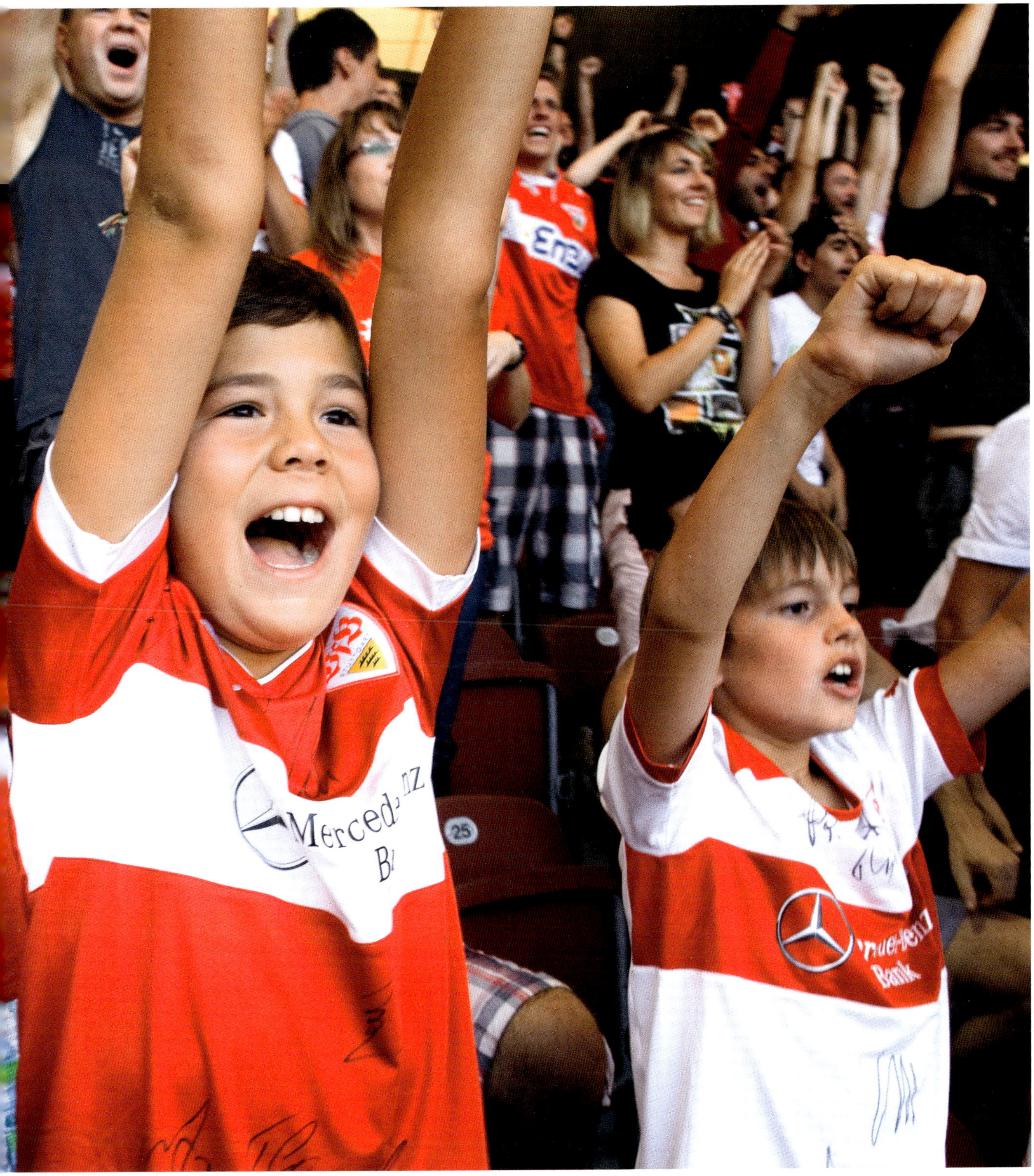

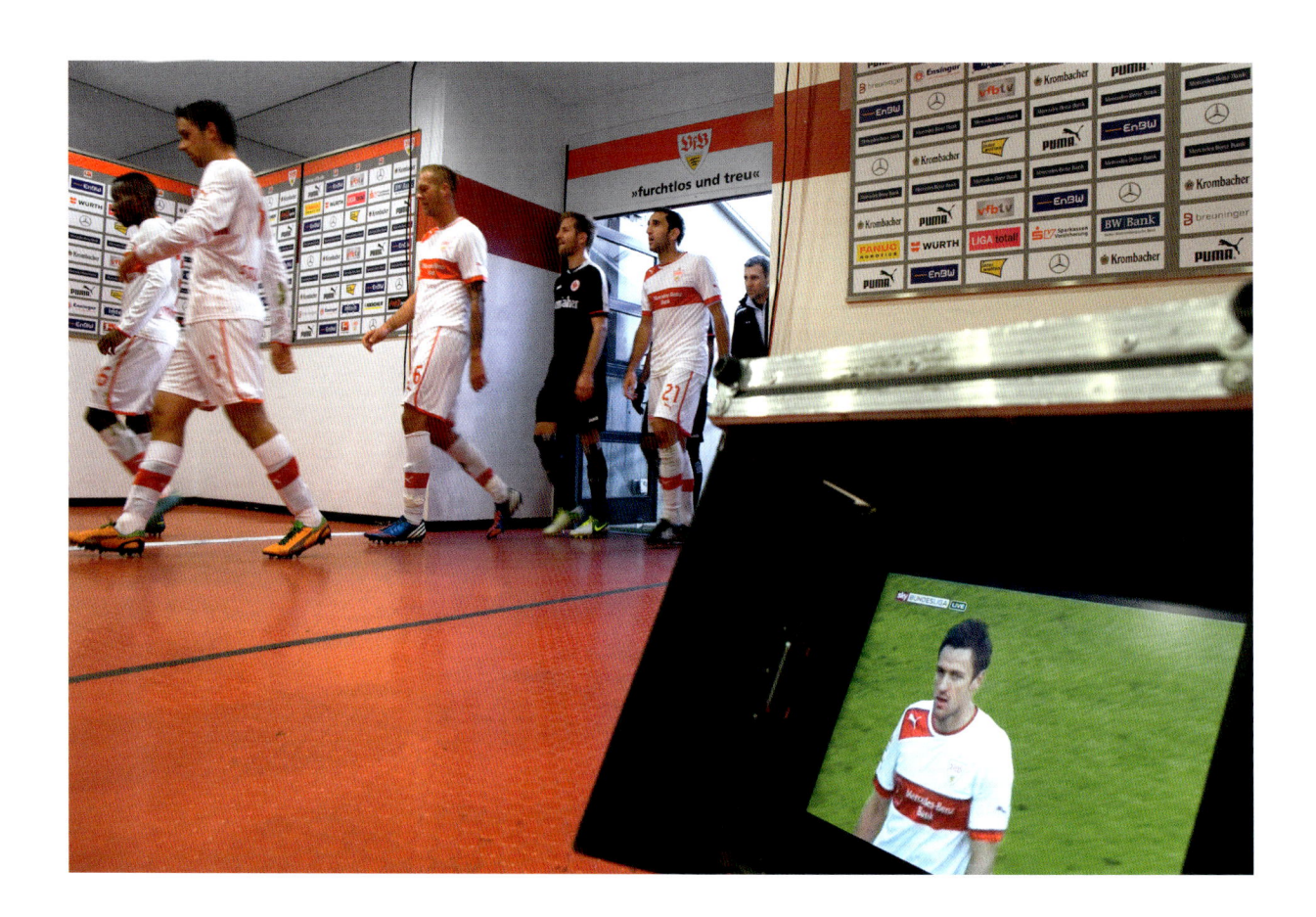

[Der Gang der Dinge]

Mein Lieblingsbild

Vedad Ibisevic

„Wir haben im Spiel alles gegeben und brauchen erst mal etwas zum Trinken."

[Samstag ist Badetag]

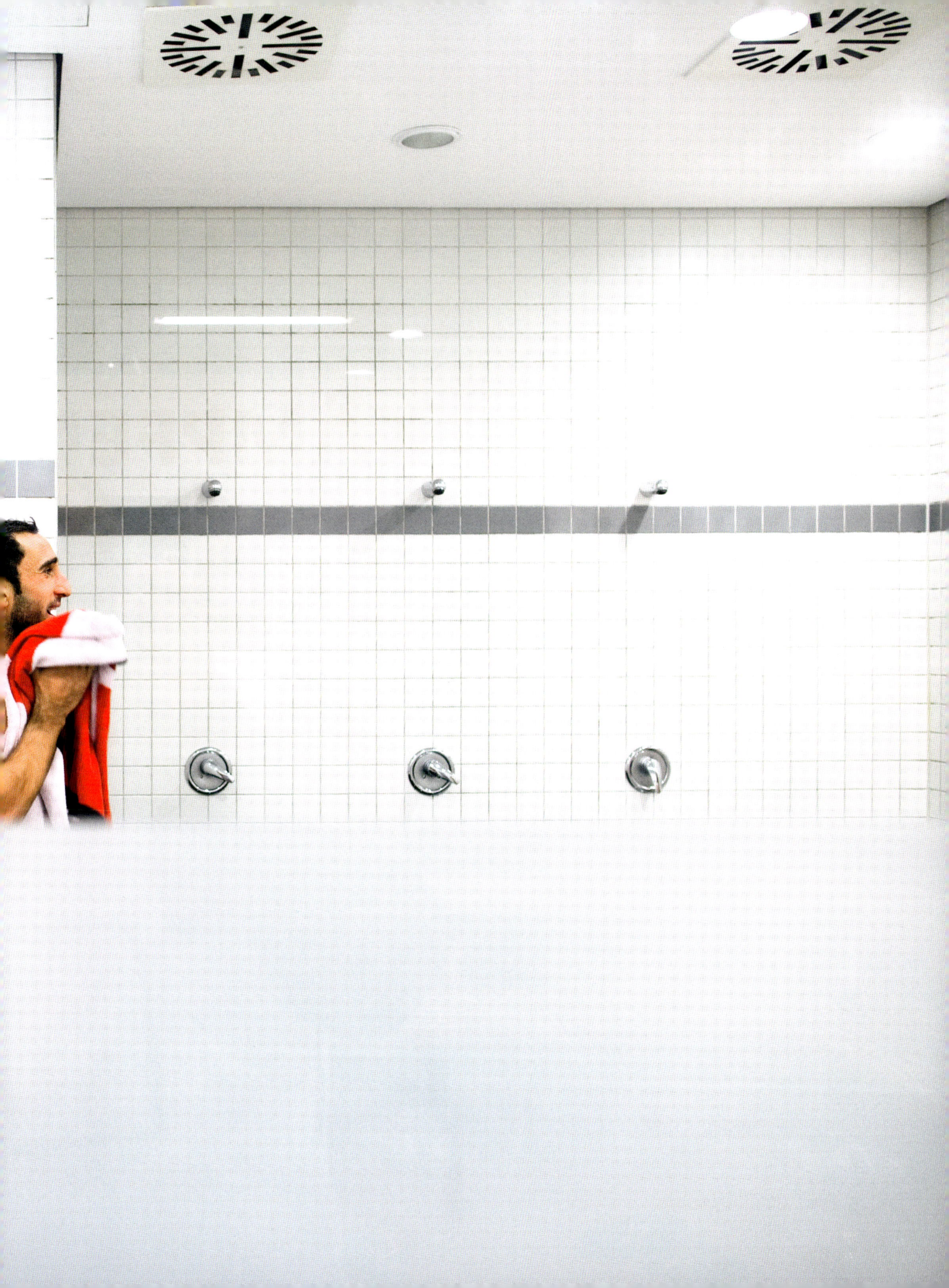

[New balls, please]

[Morning after]

[Welche Größe?]

[Ganz groß!]

[Fach-Abteilung]

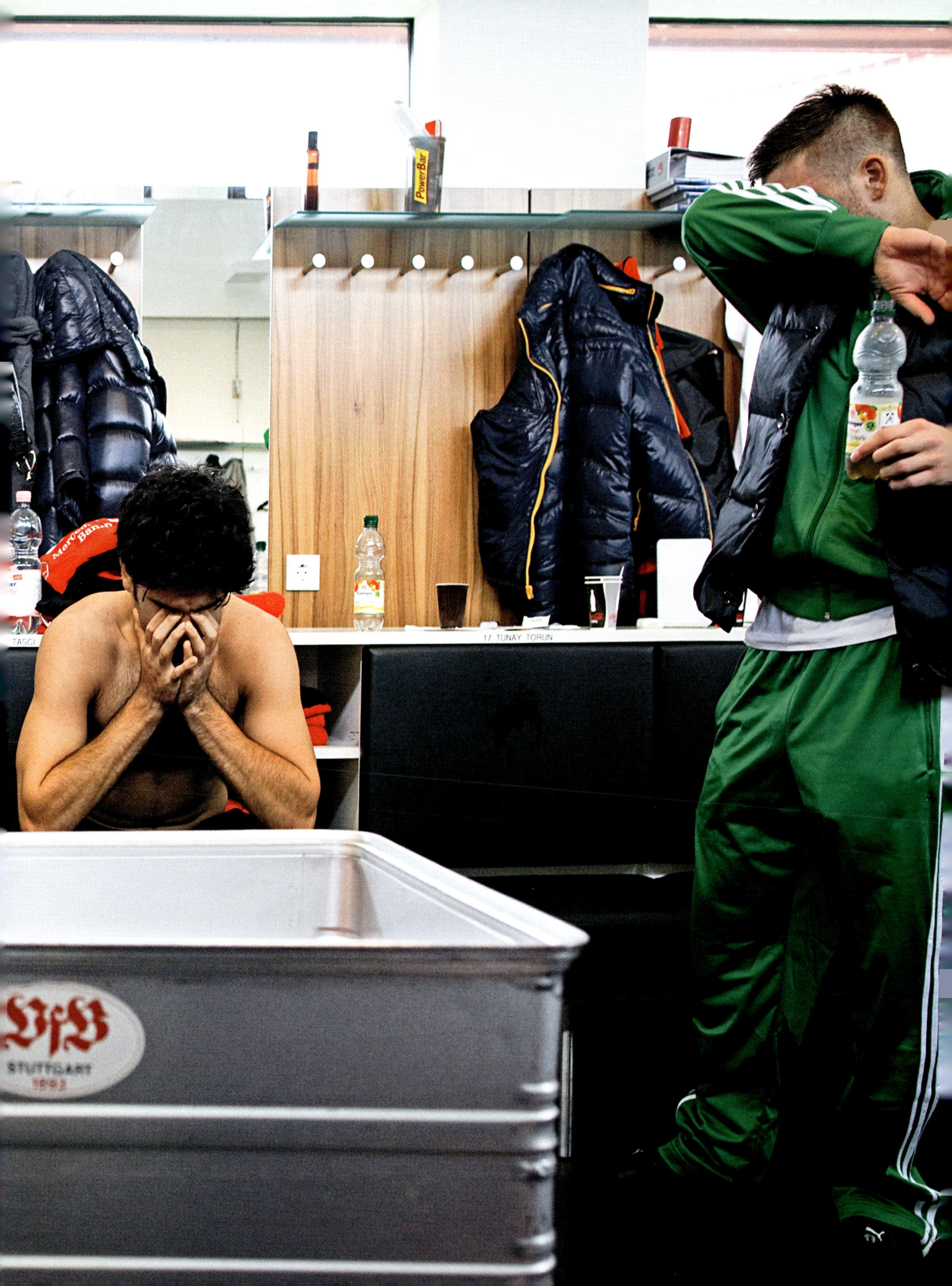
PowerBar
TASCI
17 TUNAY TORUN
STUTTGART

AUSW
Aber nien
Der Weg ist das Ziel? Gilt nicht.
Leidenschaf

ÄRTS.
als allein.
s Ziel ist ein Punkt, mindestens.
auf Reisen.

[Straßen-Fußball]

Mercedes-Benz
1893
www.muellerreisen-pf.de
TOURISMO
Müller-Reisen

[In einem Zug]

[Aussichtsreich]

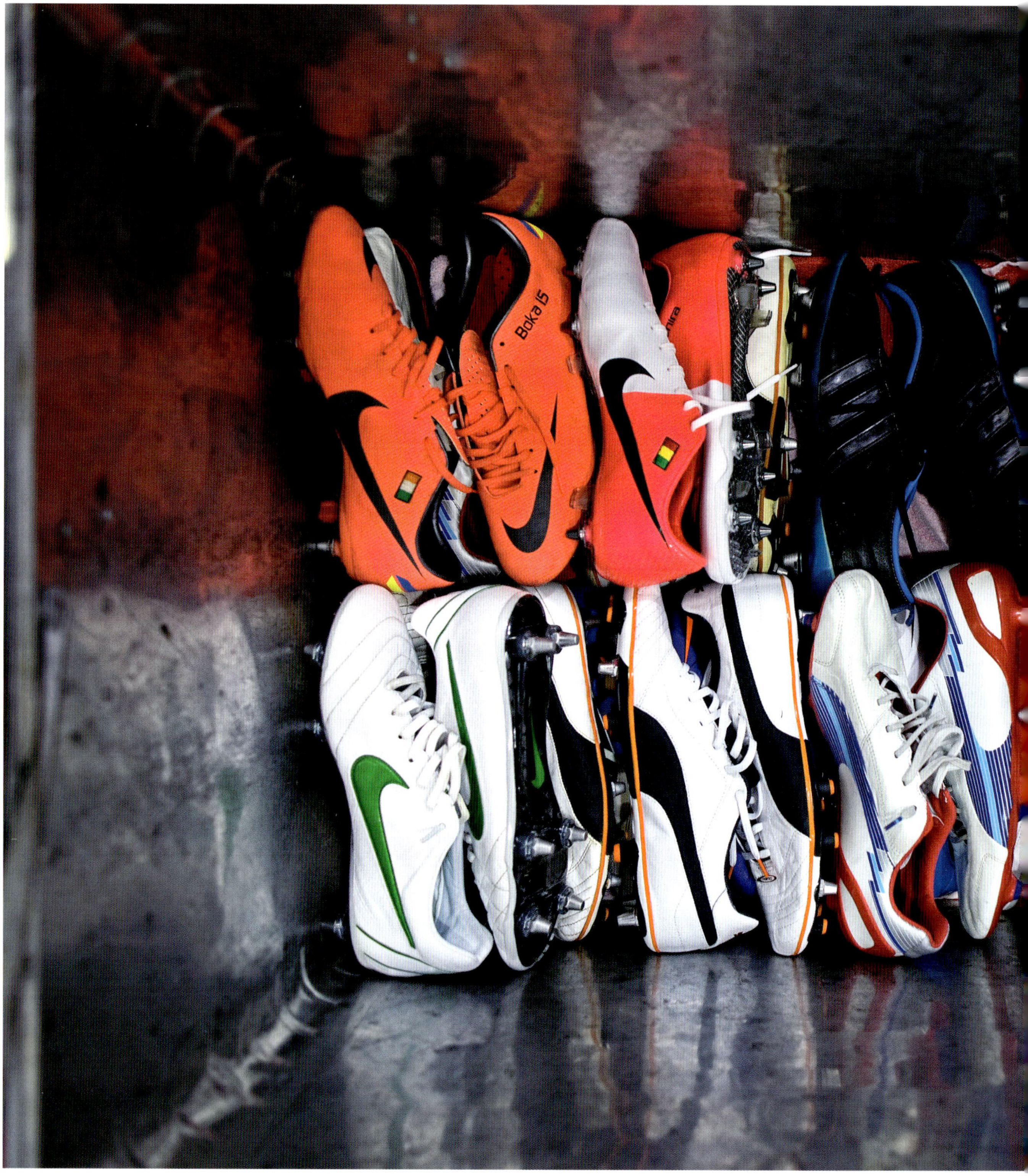
Boka 15

Mein Lieblingsbild

Cristian Molinaro

„Zum Fußball gehören nicht nur elf Spieler auf dem Platz, sondern auch das Team dahinter."

[Ein Mann braucht eine Linie]

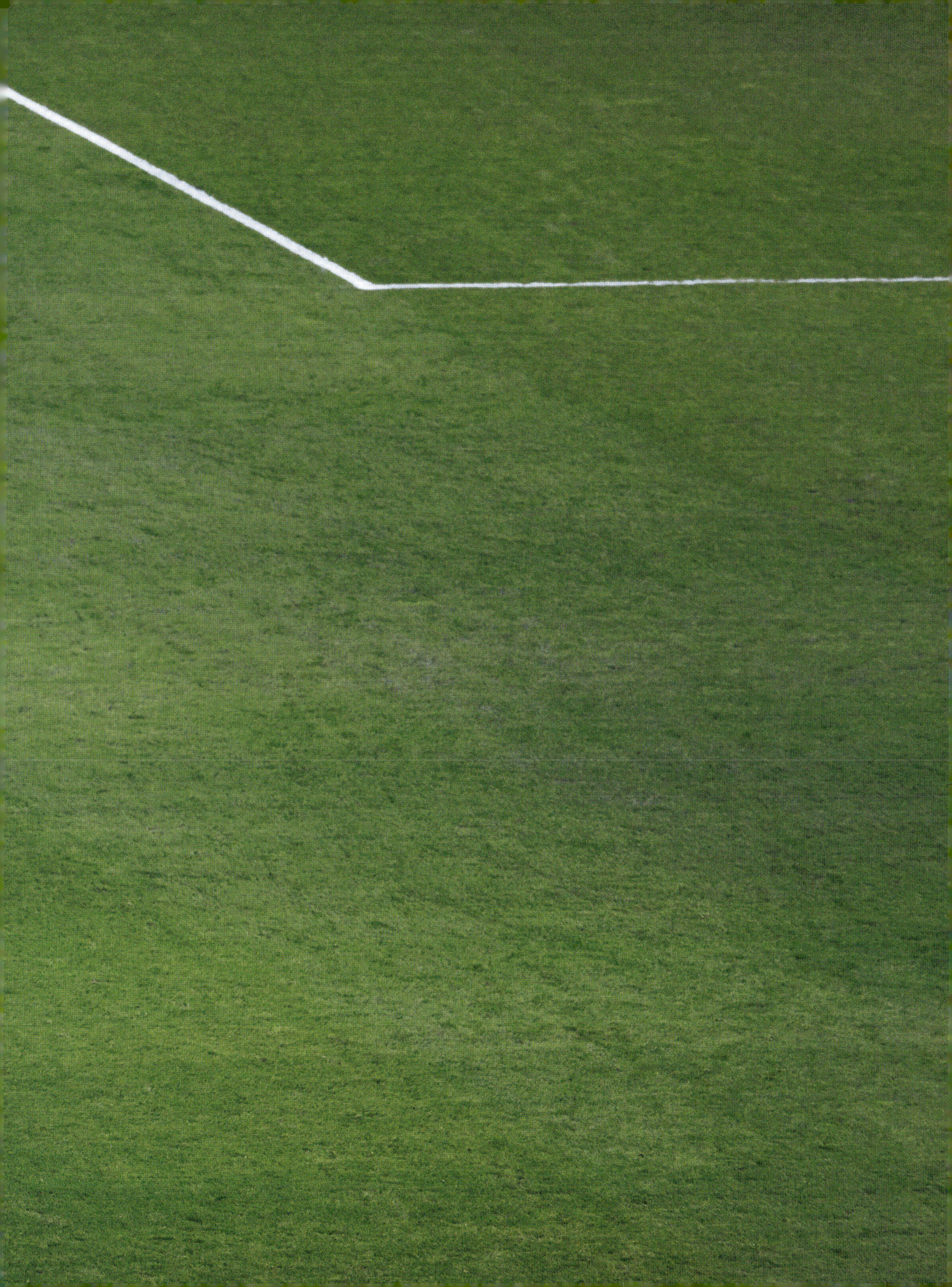

[Auf die Plätze …

... fertig ...

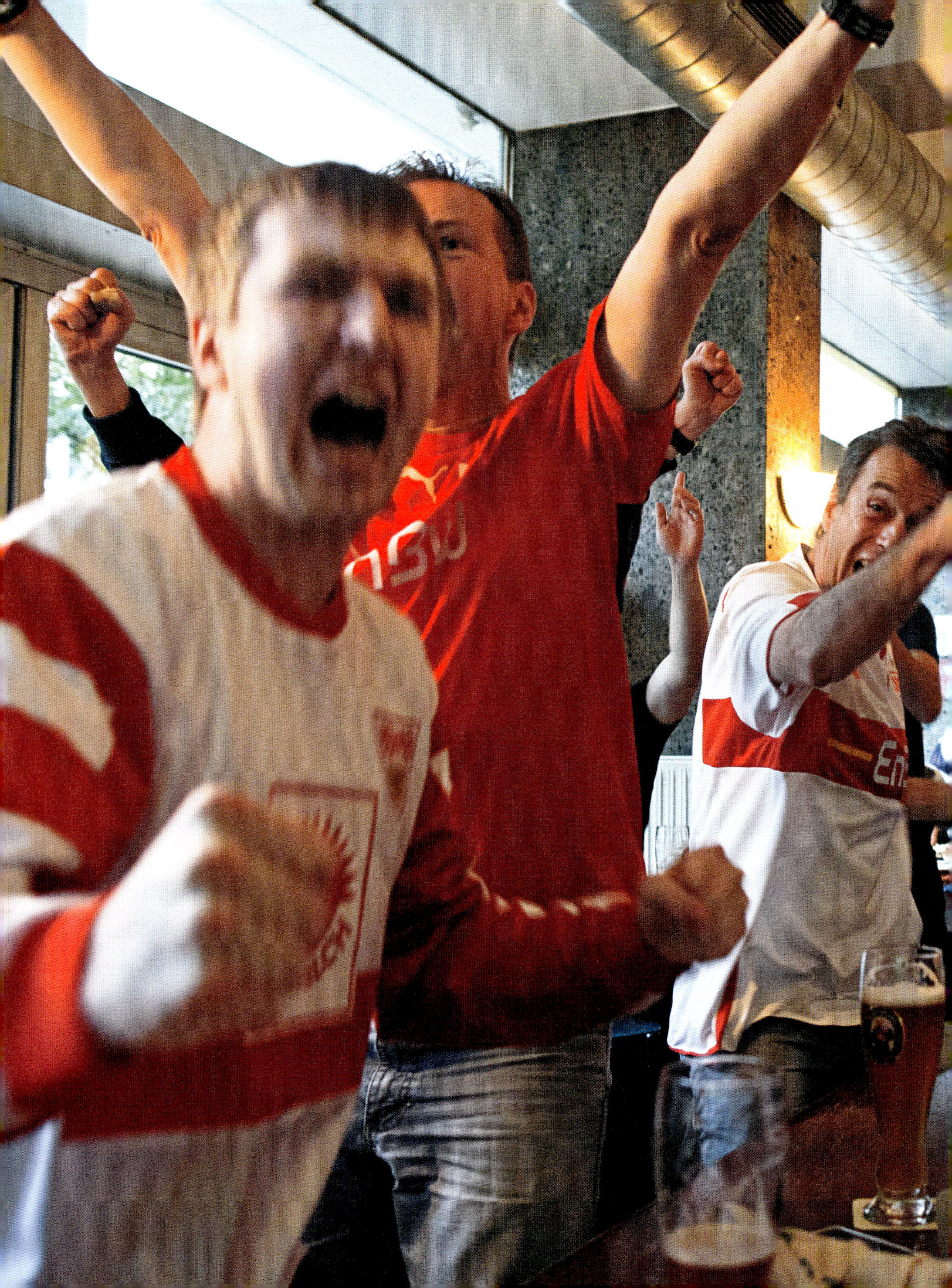

… losgelöst]

> Zwischenspiel

[Cannstatt, Bad]

> Zwischenspiel

[Körperbetont]

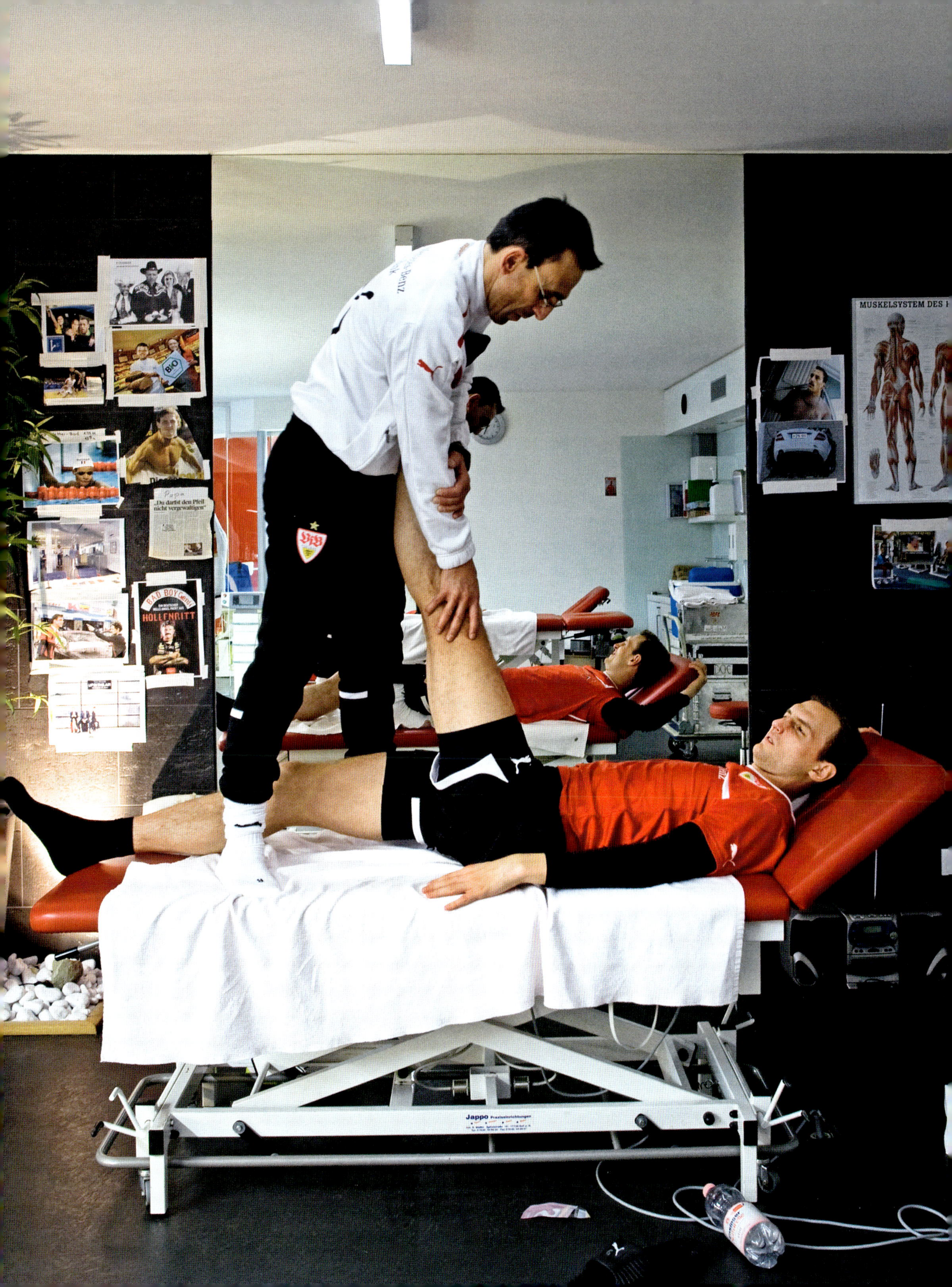
MUSKELSYSTEM DES H
„Du darfst den Pfeil nicht vergewaltigen"
HÖLLENRITT
Jappo

> Zwischenspiel

Mein Lieblingsbild
Federico Macheda

*„Die Vorbereitungen für das Spiel laufen:
Die Ruhe vor dem VfB Sturm."*

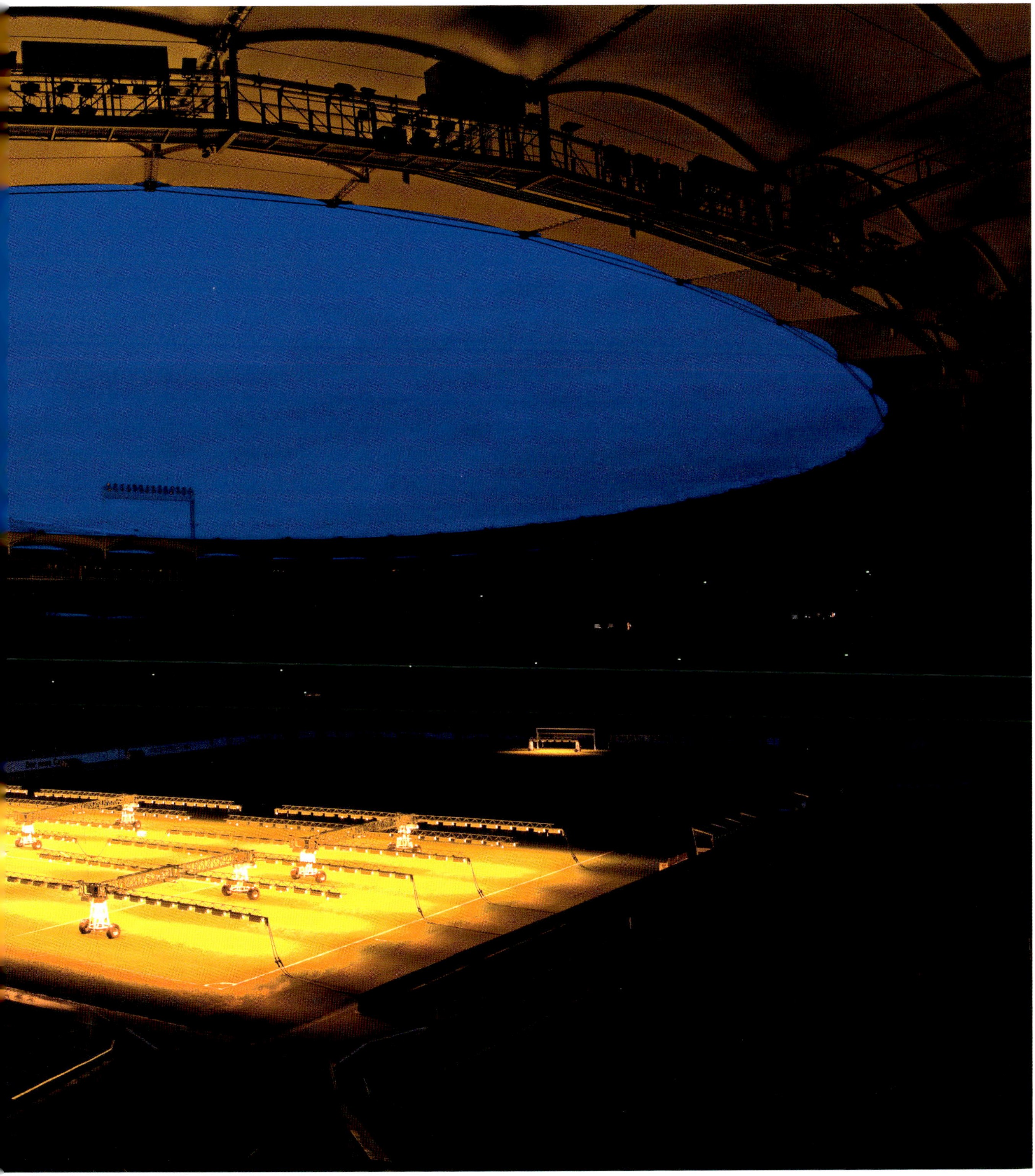

Saison-A
In den Tak
Ein Biorhythmus, der von d
Flutlichtspi

rbeiter.
kommen.
Spieltagen bestimmt wird.
el. Spot an.

Mein Lieblingsbild

Christian Gentner

„Dieses Bild sehen wir Spieler nie,
da wir bei der Fahrt zum Spiel bereits
in der Konzentrationsphase sind.
Die Art der Fotografie ist beeindruckend."

Mercedes-Benz wünscht gute Fahrt

[Tanz der Vampire]

[Nacht-Vorstellung]

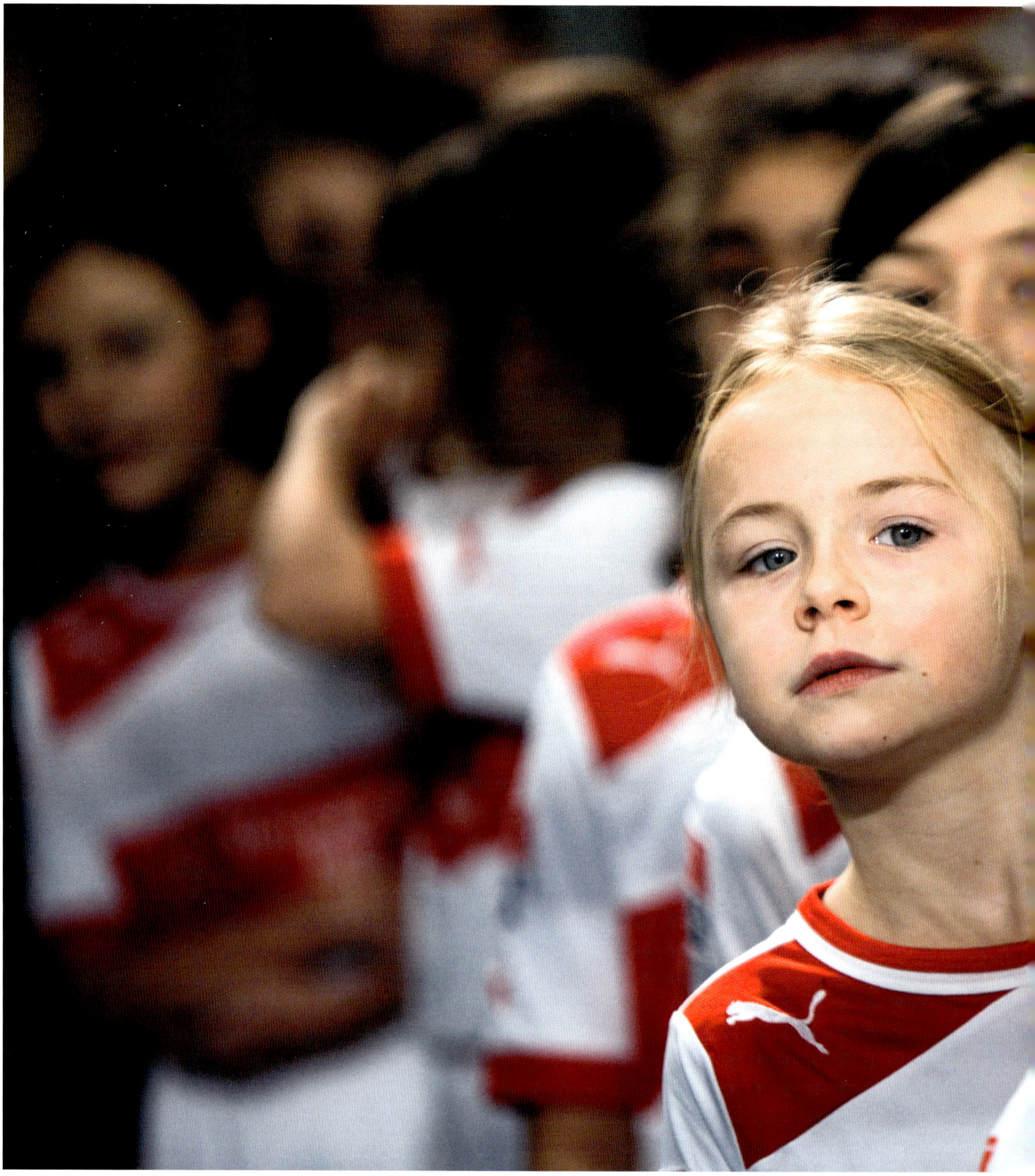

Mein Lieblingsbild
Georg Niedermeier

„15.28 Uhr: Gleich geht's los!"

[Mut zur Lücke]

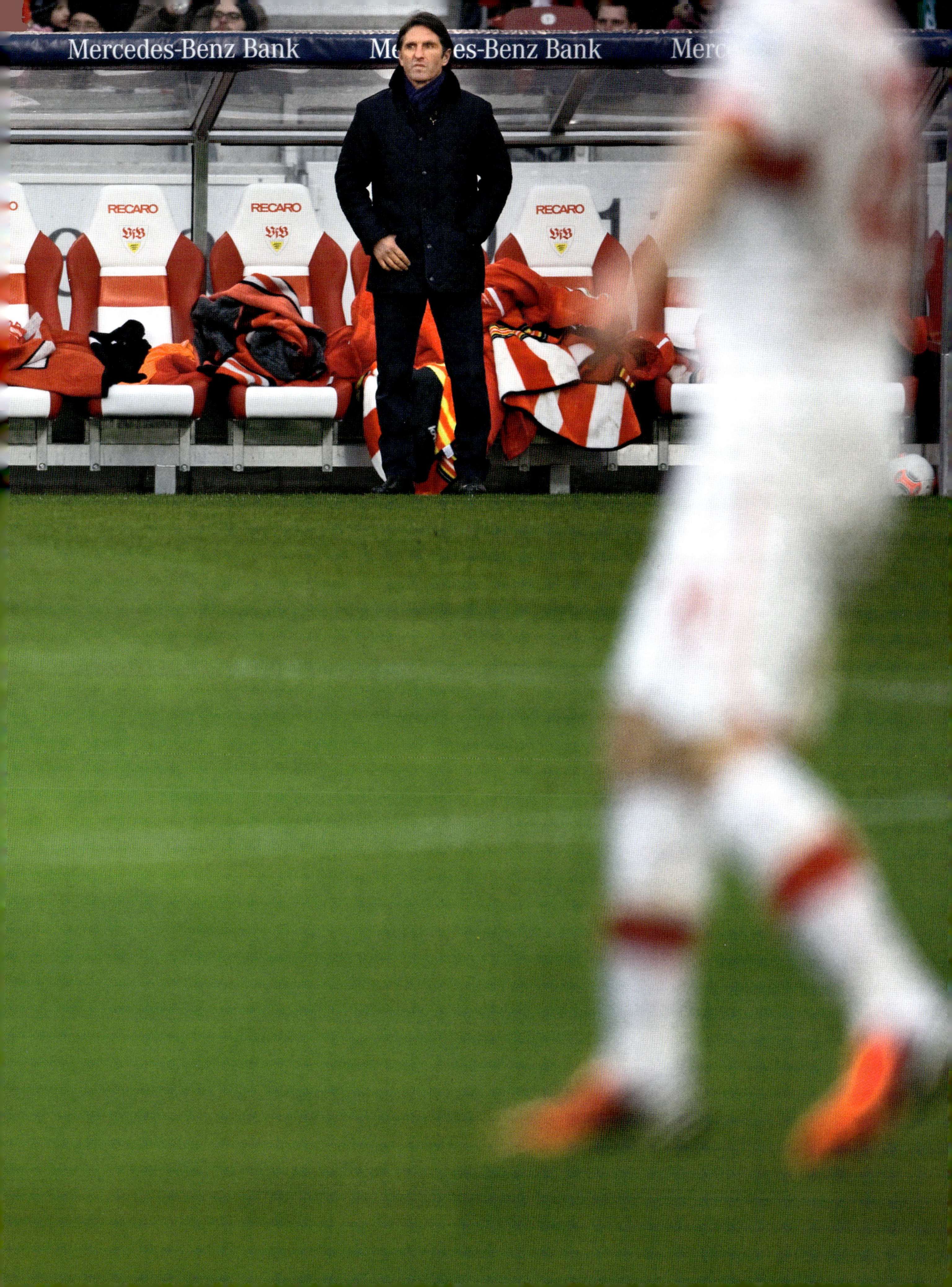
Mercedes-Benz Bank
RECARO
RECARO
RECARO

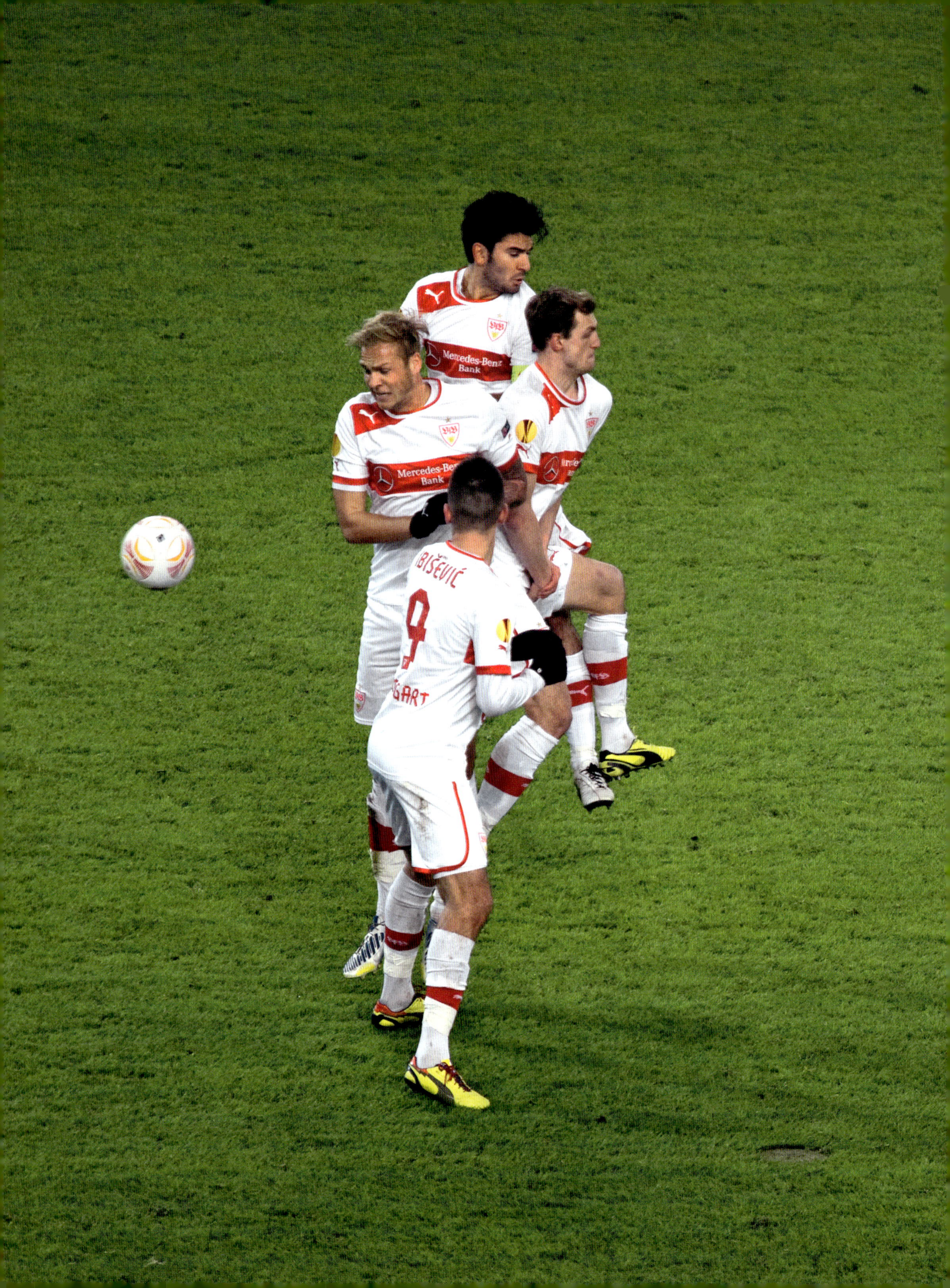
Mercedes-Benz Bank
IBIŠEVIĆ
9

[Gestiegene Erwartungshaltung]

[Glückliche Händchen]

Mein Lieblingsbild

Felipe Lopes

„Man sieht die Begeisterung der Fans für die Mannschaft."

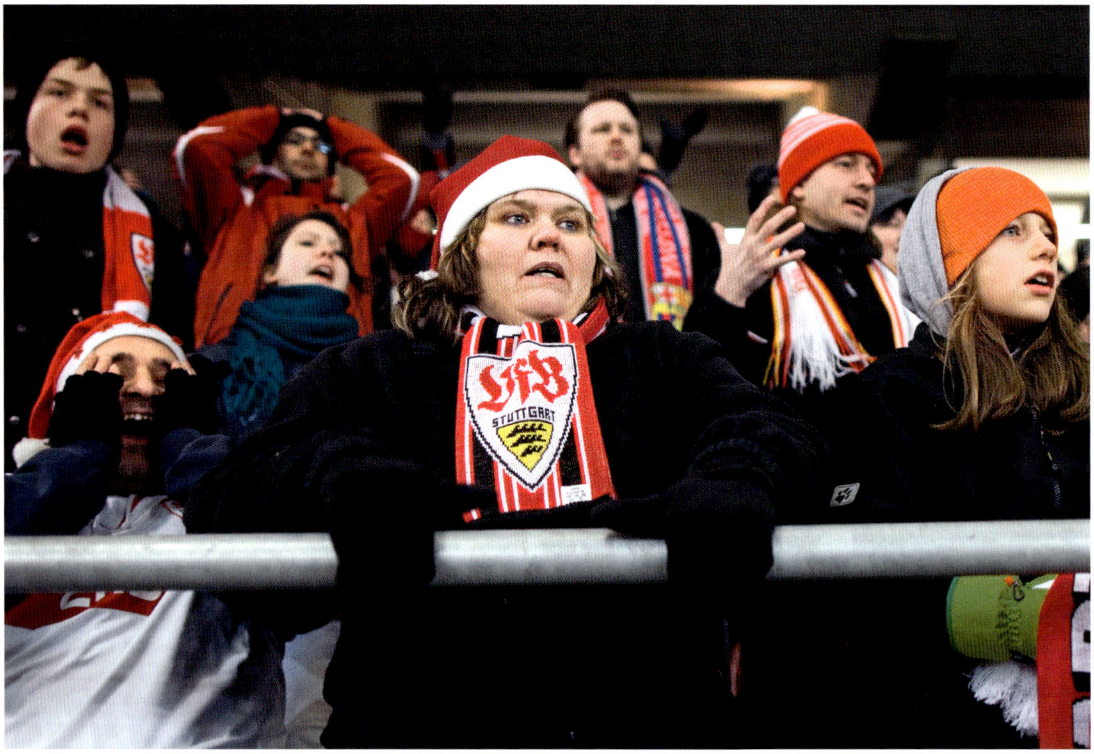
VfB
STUTTGART

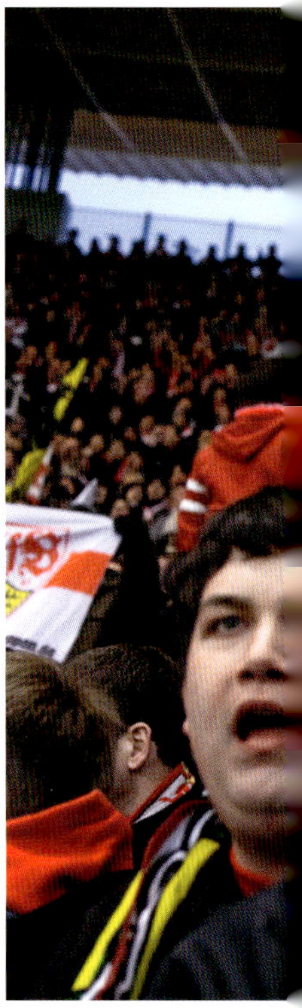

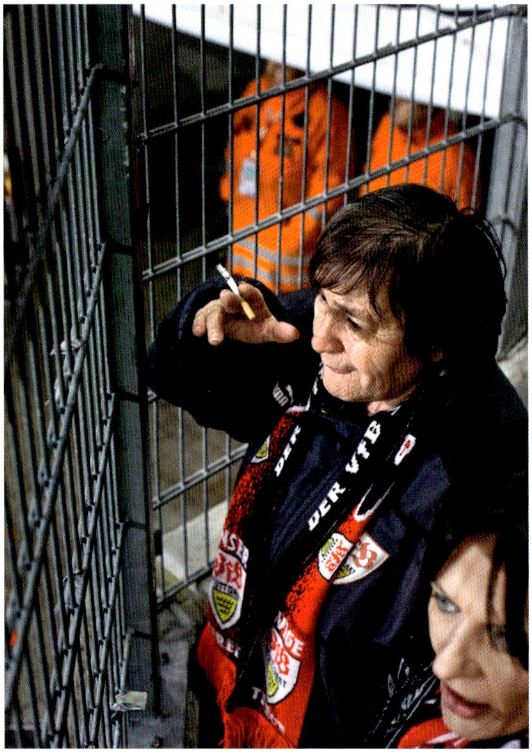
DER VFB

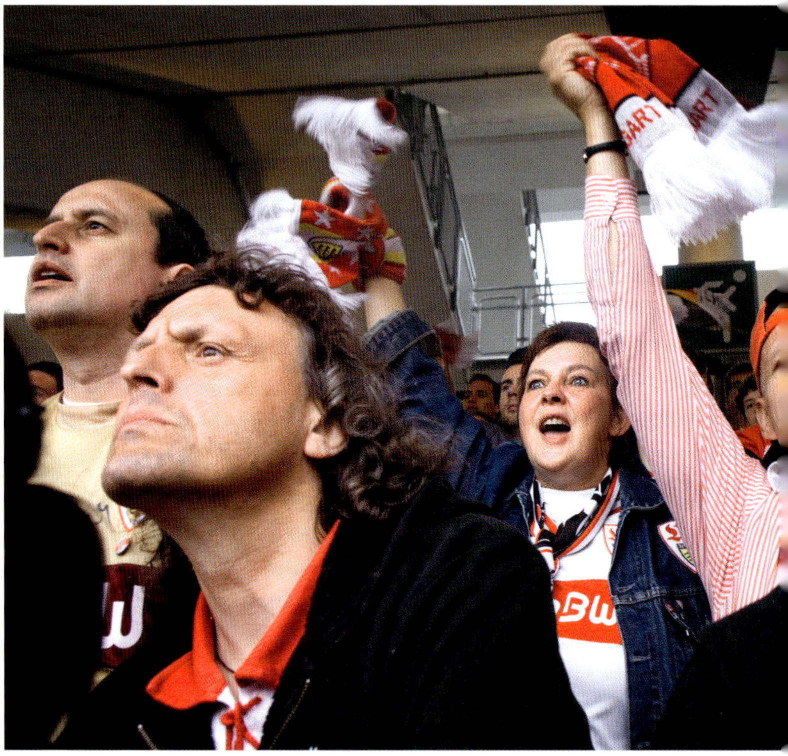

[Und das ist … gut soooooooo!]

Mein Lieblingsbild

Cacau

„*Die Fans sind immer mit vielen Emotionen dabei und geben sich auch bei den Choreografien große Mühe, das gibt uns sehr viel Kraft.*"

Mein Lieblingsbild

Johan Audel

„Der VfB begeistert Generationen."

Mein Lieblingsbild

Ibrahima Traoré

„*VfB connecting people.*"

[After work]

> Zwischenspiel

[Haus …

… und Grund]

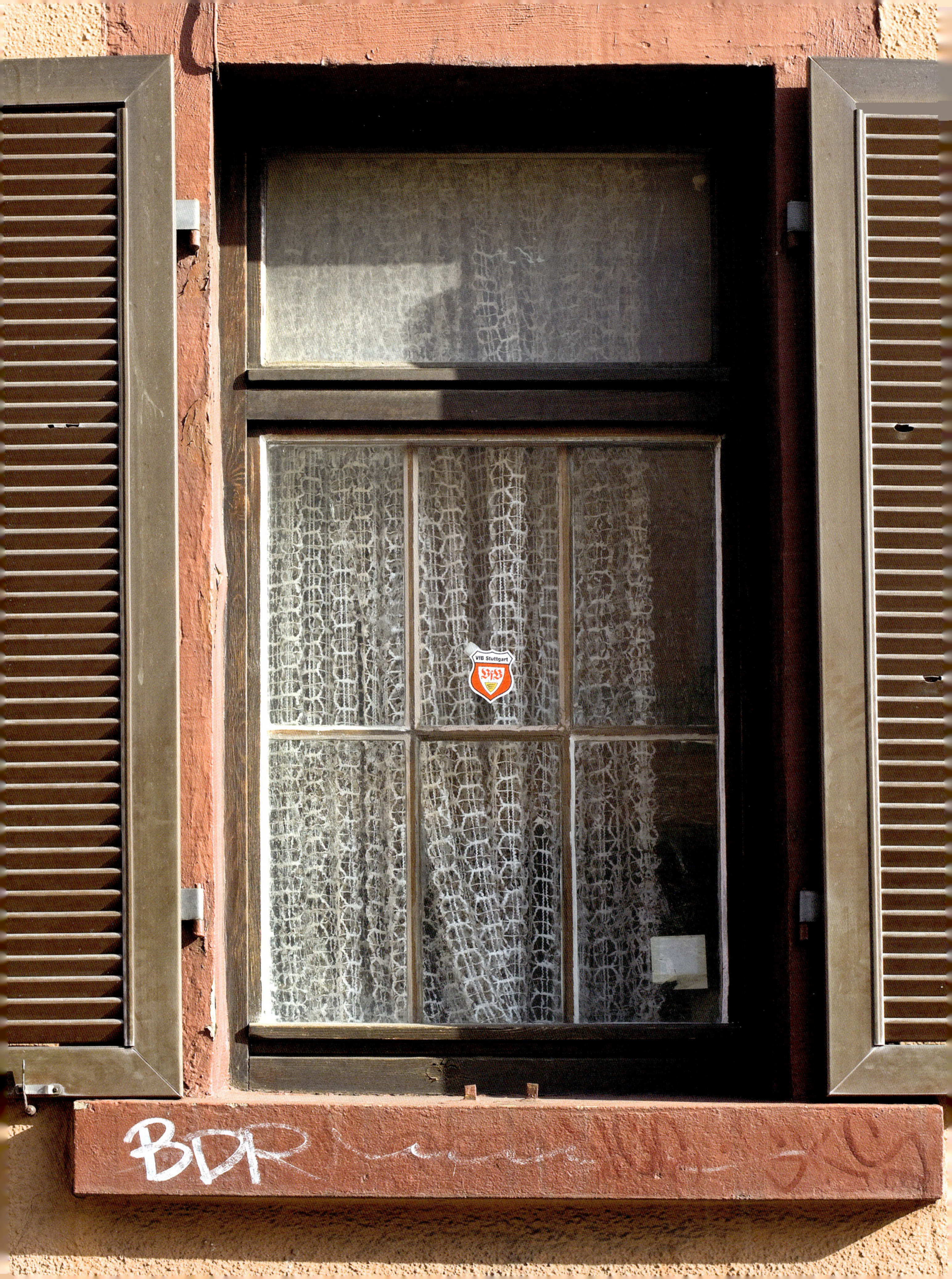
VfB Stuttgart
BDR

[Zarte Pflänzchen]

[Kennzeichenpflicht]

> Zwischenspiel

[Nachschub]

Angeko

in Europa

Auch so ein Ort, an dem die Le

Ein Team g

ommen
Bukarest.
te deine Seele spüren müssen.
ht auf Tour.

[Up in the air]

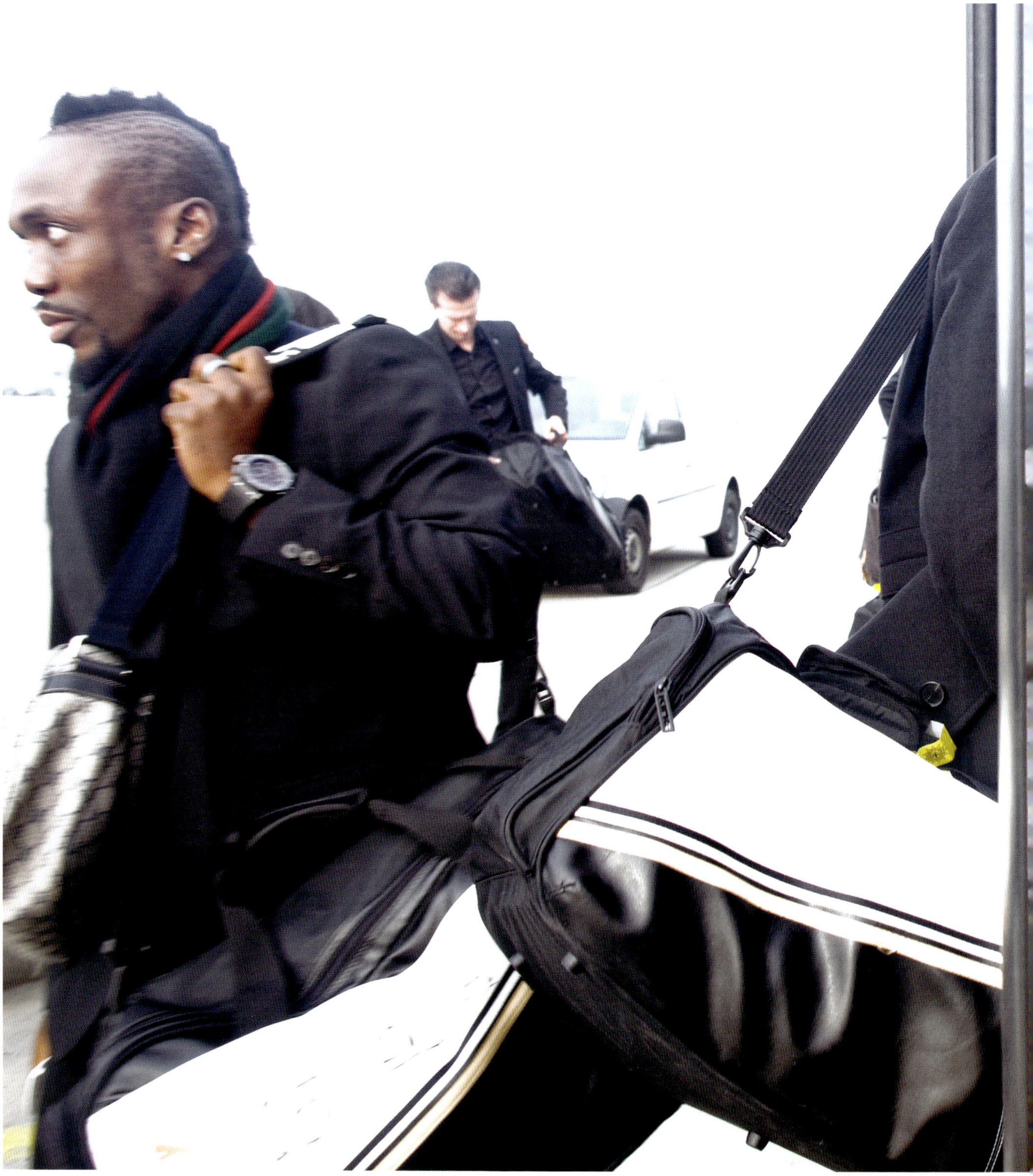

[Reflex-Bewegung]

Mein Lieblingsbild

Tunay Torun

„Manchmal sagen Blicke mehr als Worte."

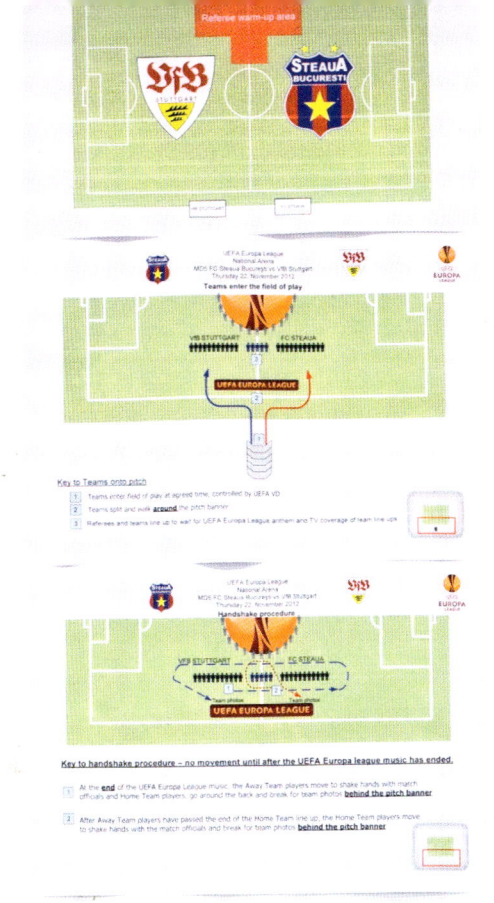

[Wo stehen wir?]

Mein Lieblingsbild

Shinji Okazaki

„Kostas ist sehr wichtig für die Mannschaft, ohne ihn geht es nicht."

[Schatzkiste]

[Auf Probe]

Mein Lieblingsbild

Raphael Holzhauser

„Wir haben auch auf der Bank positive Stimmung."

[Schwebe-Zustand]

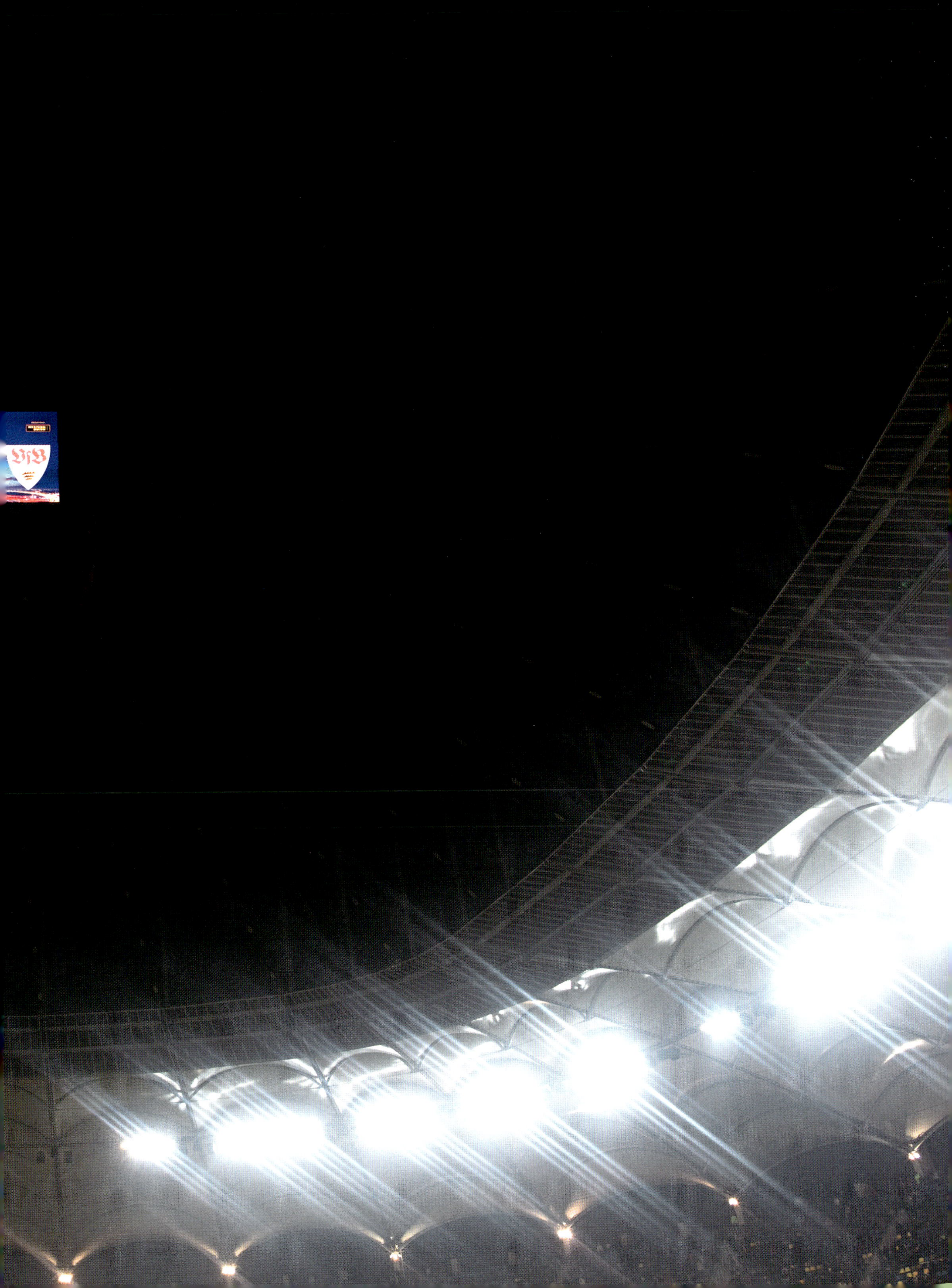

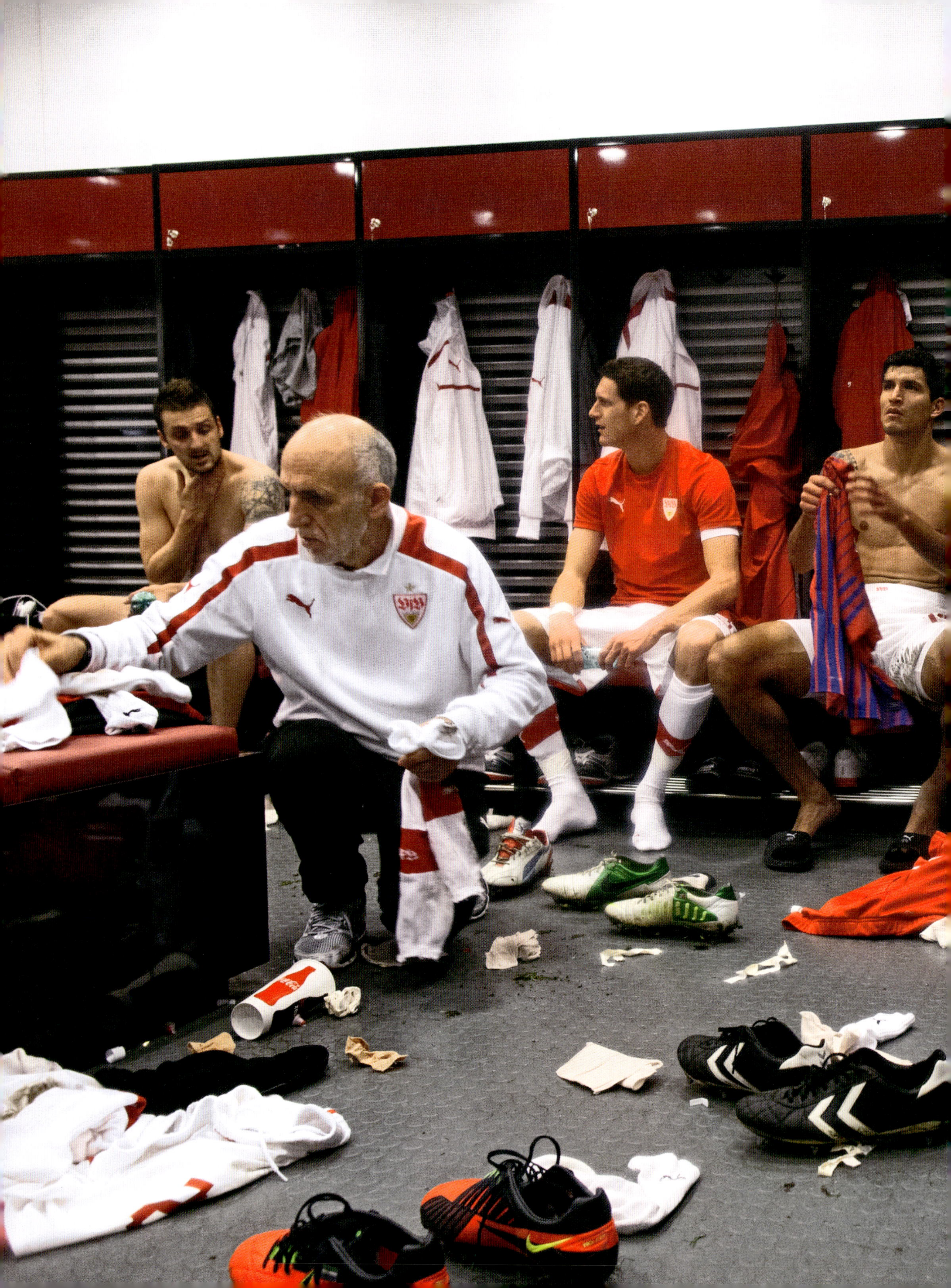

[Alles gegeben]

Rot wi

Und weiß v

Elf Freunde, davon lesen sie.

Fan-Sein ist ü

e Blut.
vie Schnee.
usend Freunde, das leben sie.
berzeugung.

[Hauptsache Rote]

[Der Rest ist Wurst]

[Es muss alles mit …

… rechten Dingen zugehen]

[Fern- und Fansicht]

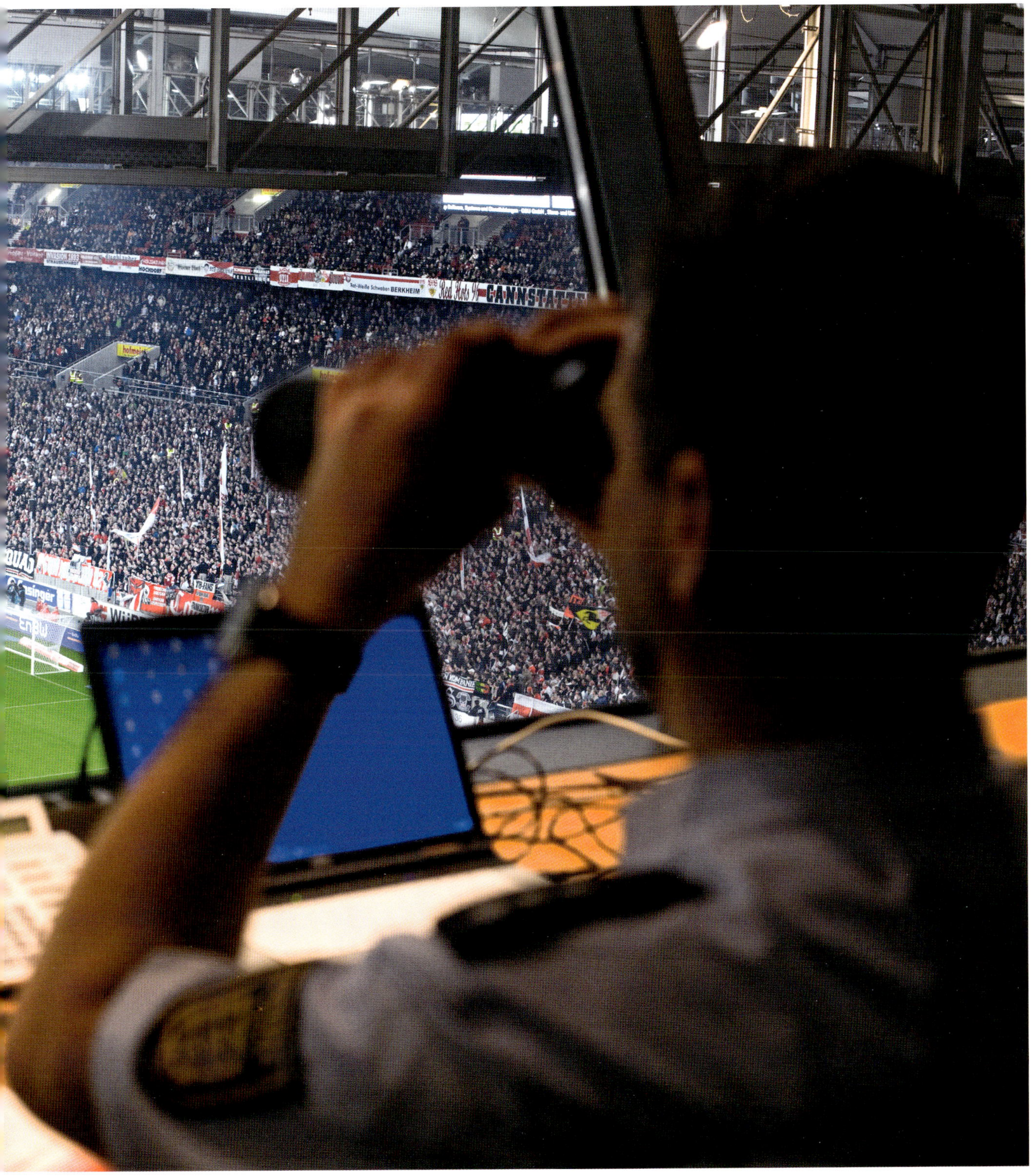

[Rot-Licht-Viertel]

Stuttgarter Hofbräu
Geöffnet
RAUCHER
RAUM
Stuttgarter Hofbräu

[Hier …

… we go]

Fußball
Alles, nur k
Ein Intermezzo in der Türkei,
Habt ihr was

Winter.
eine Pause.
mit Folgen für die Rückrunde.
mitgebracht?

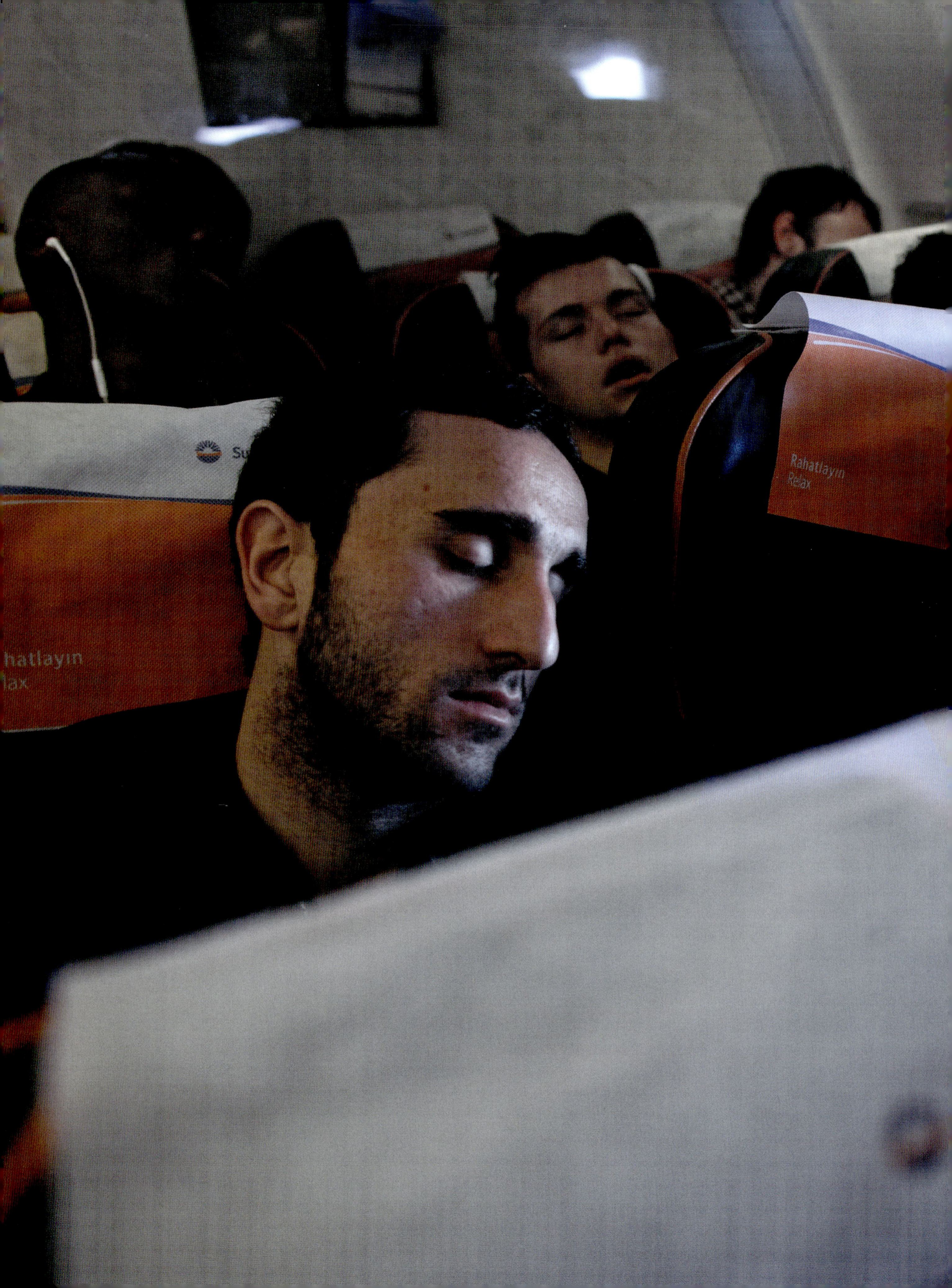
Rahatlayın
Relax

[Himmlisch]

[Band-Arbeiter]

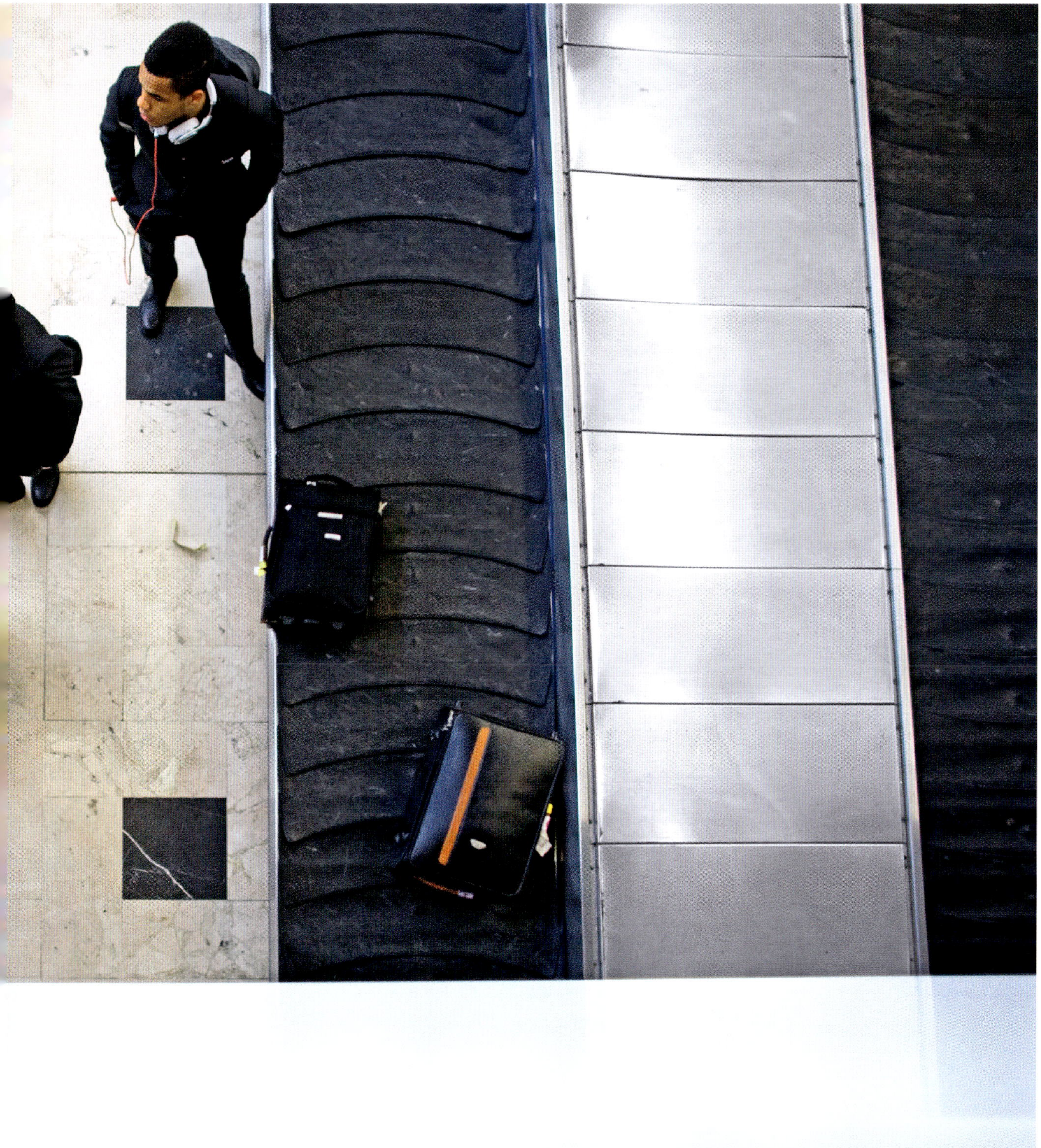

[Ganz Ohr]

[Flagge zeigen]

[Im Bett mit dem VfB]

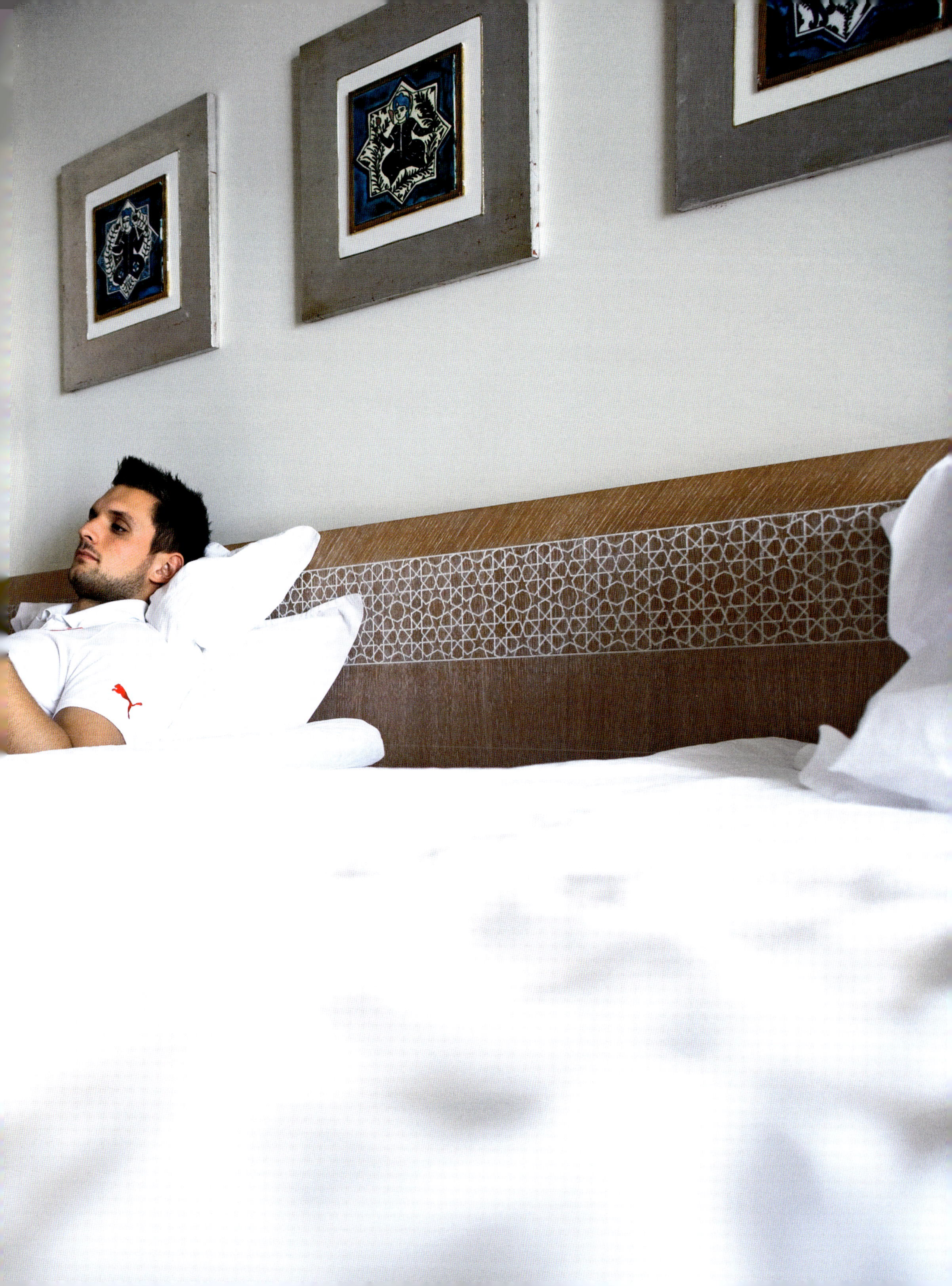

Mein Lieblingsbild
Sven Ulreich

„Auch Teambetreuer Ralph Herkommer gibt im Trainingslager immer Vollgas."

[Bei der Stange bleiben]

[Pool-Position]

Mein Lieblingsbild
Antonio Rüdiger

„Johan ist mein Freund, es ist ein sehr schönes Foto."

Mein Lieblingsbild

Daniel Didavi

„Fußballprofi ist zwar ein Traumberuf, aber es gibt nicht nur schöne Seiten, sondern es steckt auch sehr viel harte Arbeit dahinter."

[Leistungs-Schau]

[Nachtwache]

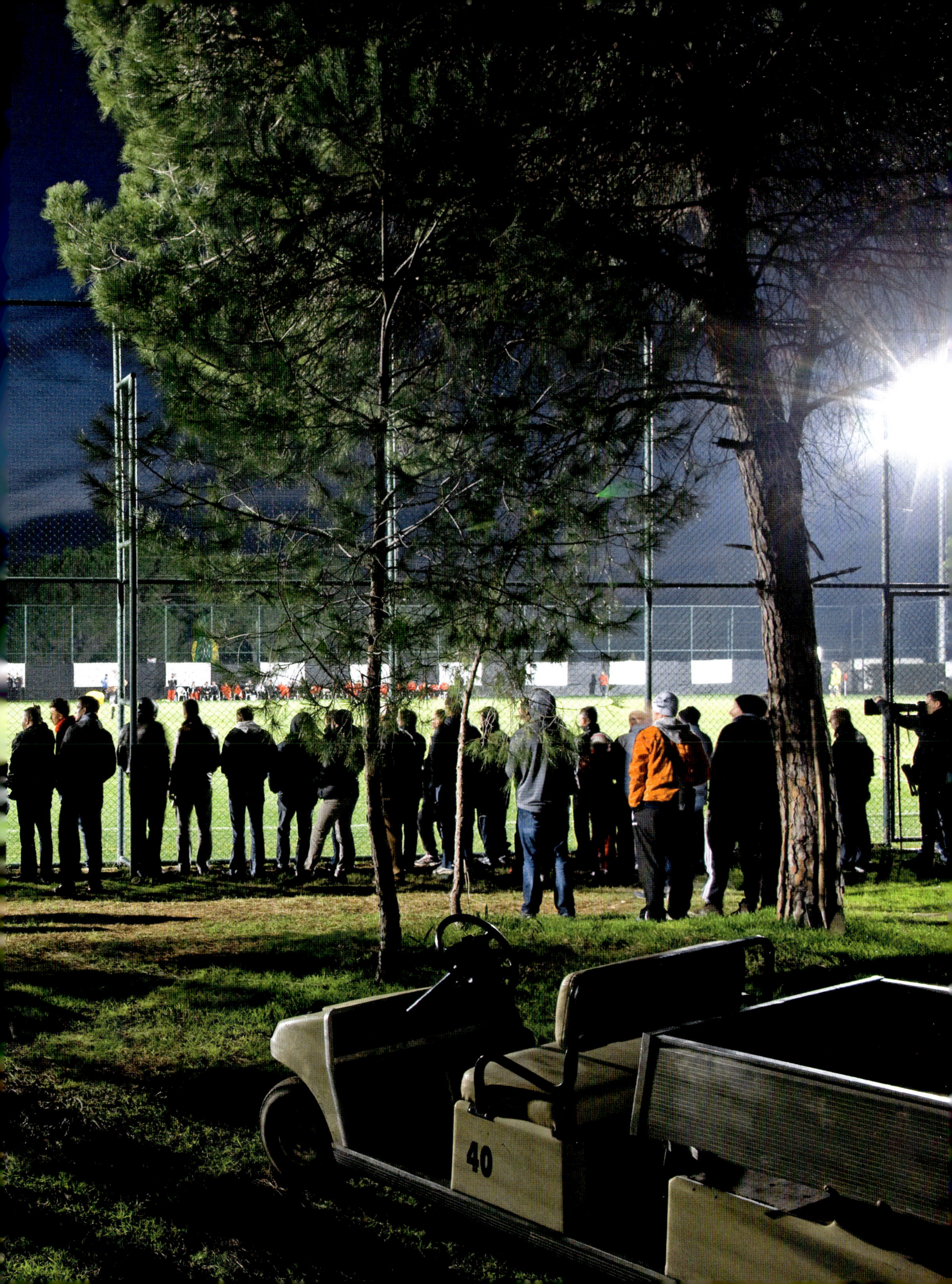
40

[Gezähmt]

[Umzäunt]

[Selbst gestrickt]

[All inclusive]

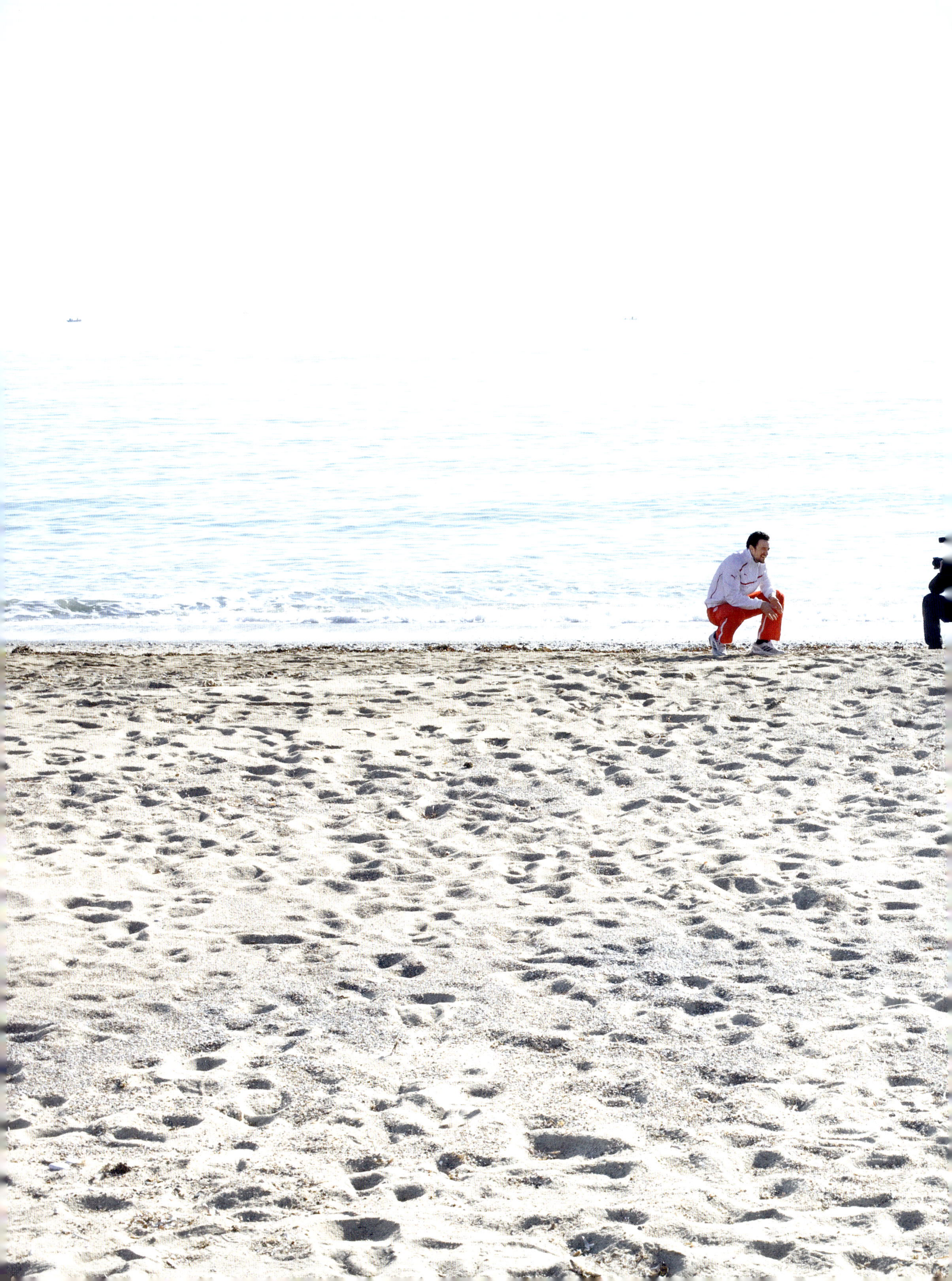

[Immer mehr]

[Ein Kessel Buntes]

Rückr

Erst entrückt,
Über den Kampf zum Spiel find
Sie müssen e

unde.

ann entzückt.

, das ist nicht bloß eine Floskel.

s nur wollen.

[Zwei Herzen und eine Seele]

Mein Lieblingsbild

Serdar Tasci

„Spiele in der ausverkauften Mercedes-Benz Arena machen am meisten Spaß, und die Stimmung ist extrem motivierend."

Mein Lieblingsbild

Arthur Boka

„Ich wollte den Gegner vor dem Spiel einschüchtern."

[Alle müssen raus!]

Mein Lieblingsbild

Tamas Hajnal

"Das Bild zeigt, dass wir für die Kinder Vorbilder sind, und wir müssen uns auch dementsprechend verhalten."

175

[Reine Kopfsache]

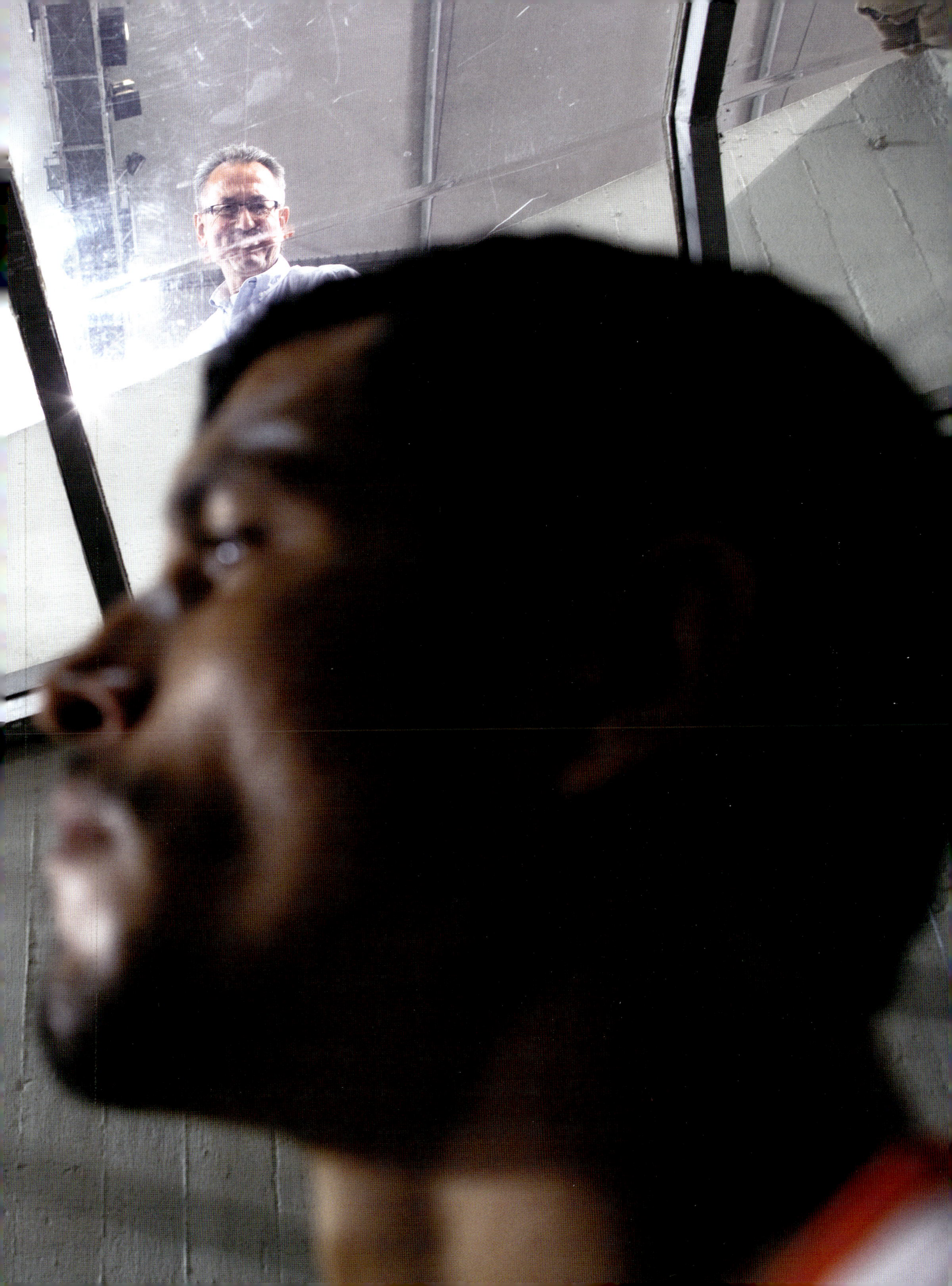

[Linsen- …

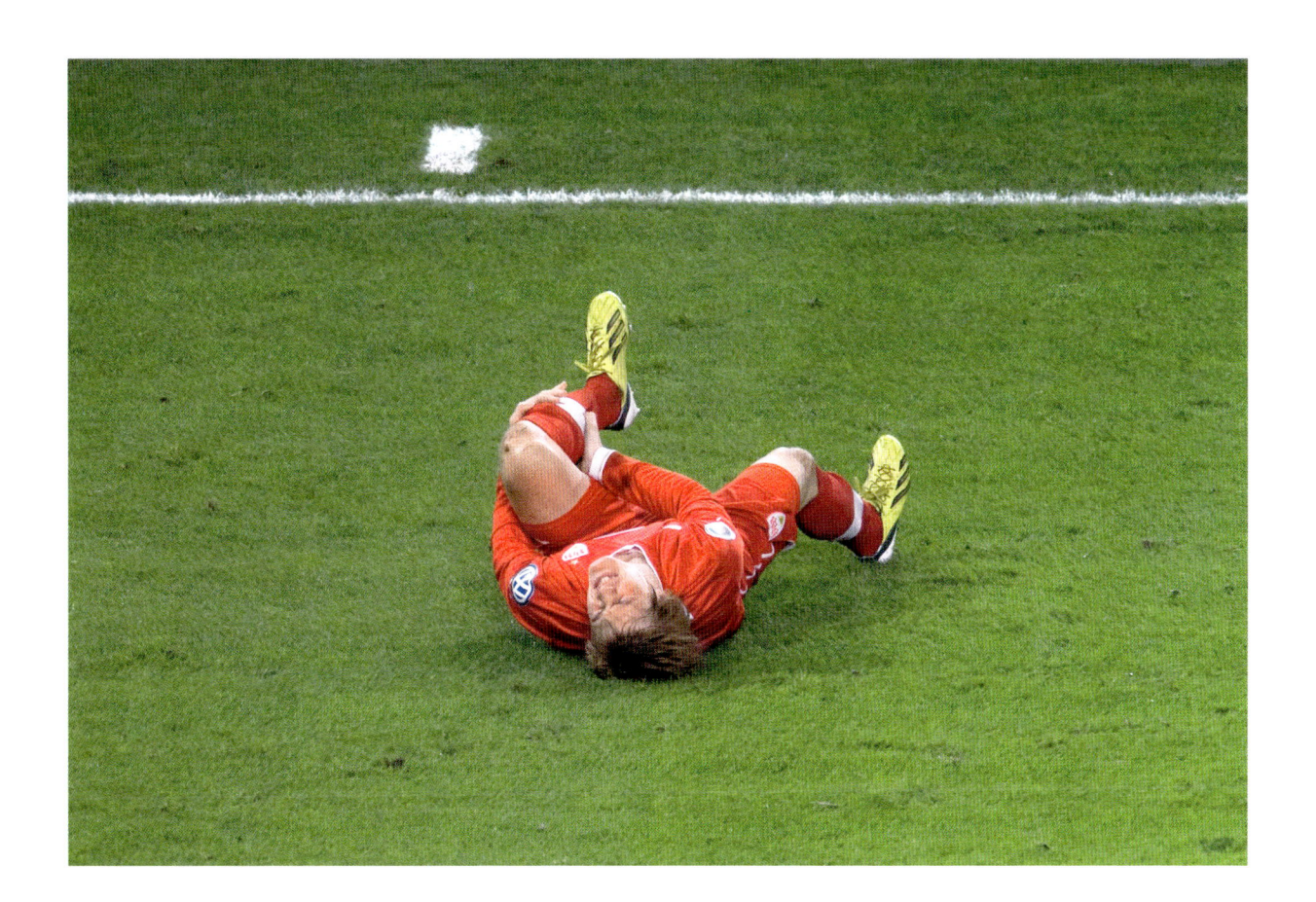

… Gericht]

[Verein für Bewegungsspiele]

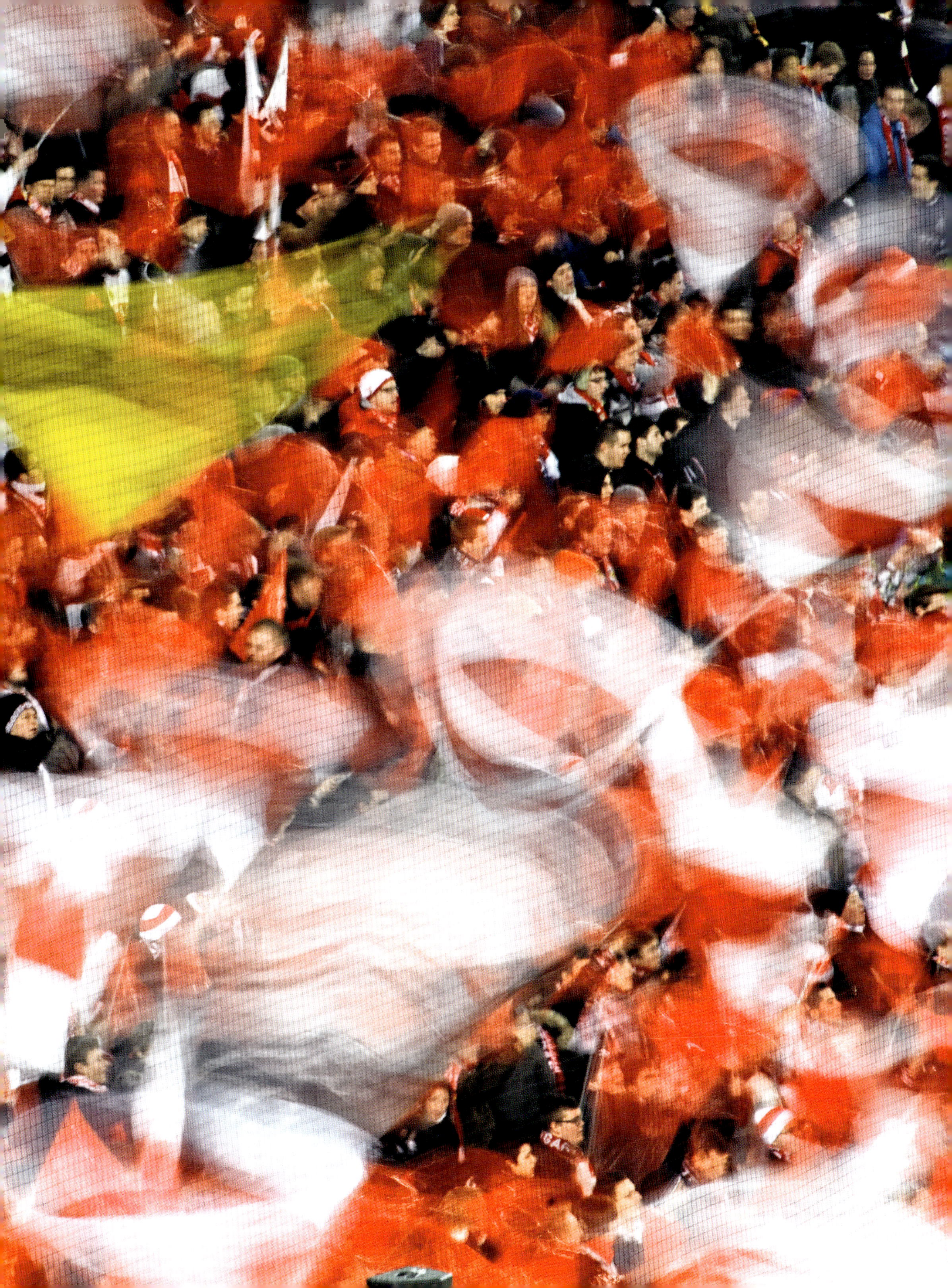

[Scharfes Eck]

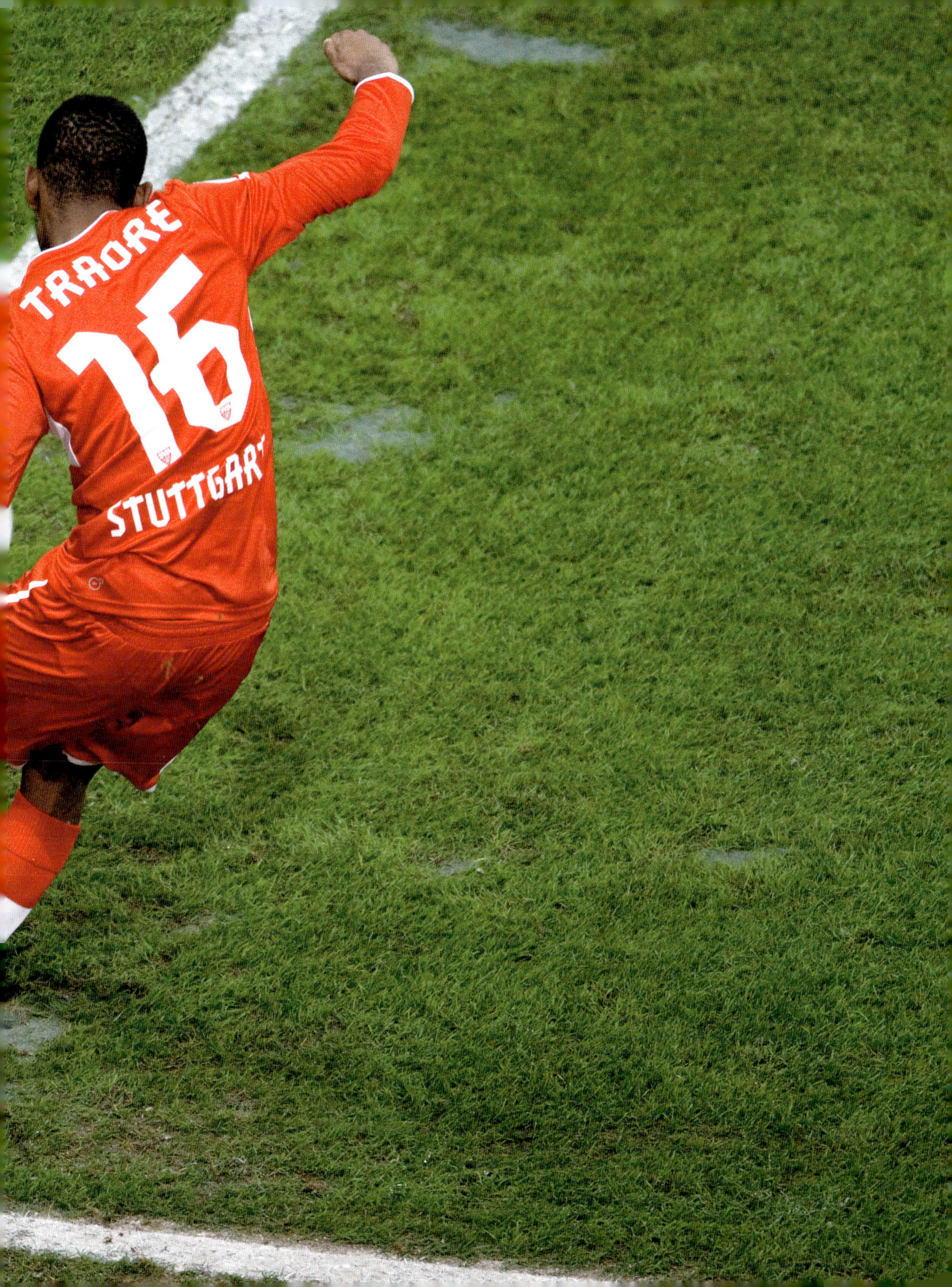
TRAORE
16
STUTTGART

[Es liegt nicht …

… in unseren Händen]

Mein Lieblingsbild

William Kvist

„Martin ist leer, er hat im Spiel alles gegeben, aber es hat wohl nicht gereicht. Man sieht, wie viel einem der Fußball gibt."

[Rand-Bemerkungen]

[Sind doch bloß Worte]

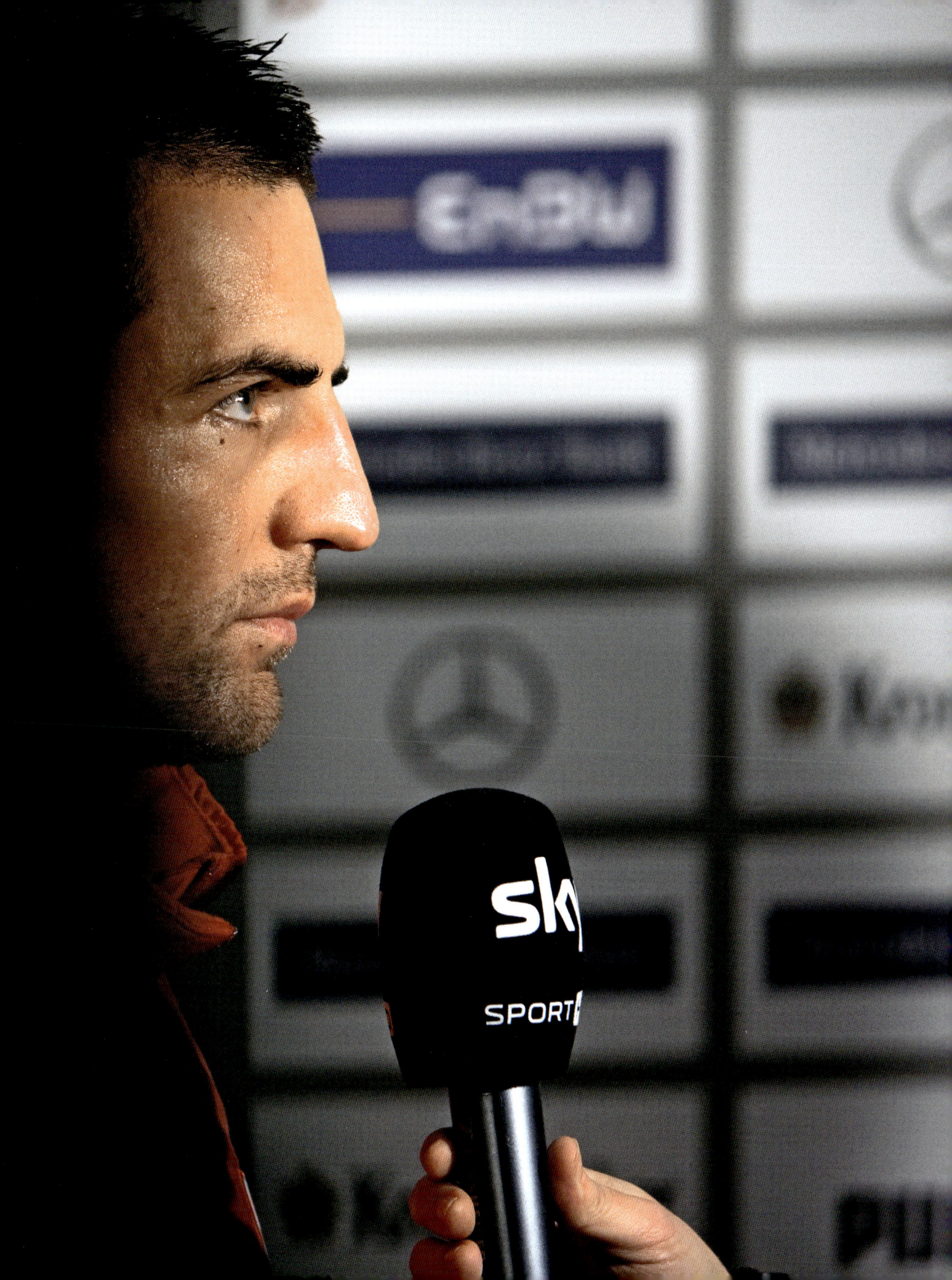
sky
SPORT

190

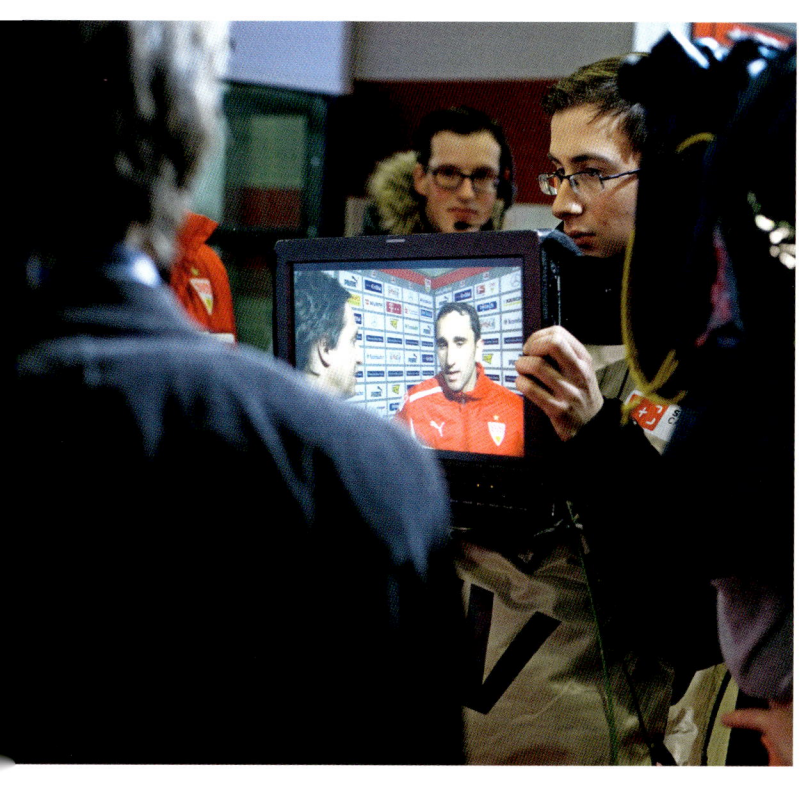

[Talk, Talk, Talk]

Alles A

Aber imm

Die Choreografie eines Bundesk

Der Chara

Alltag.
er anders.
a-Klubs ist nun mal eigenwillig.
kter zählt.

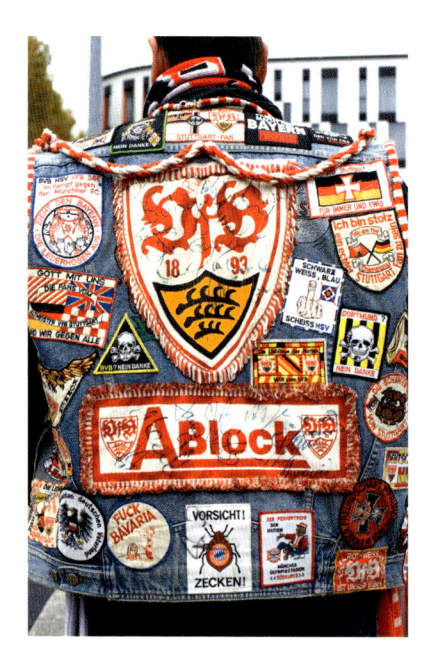

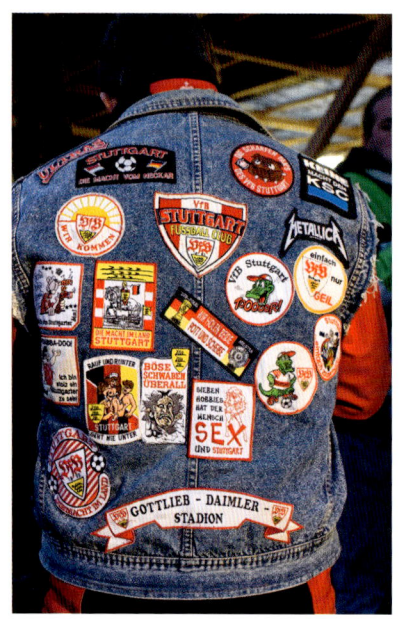

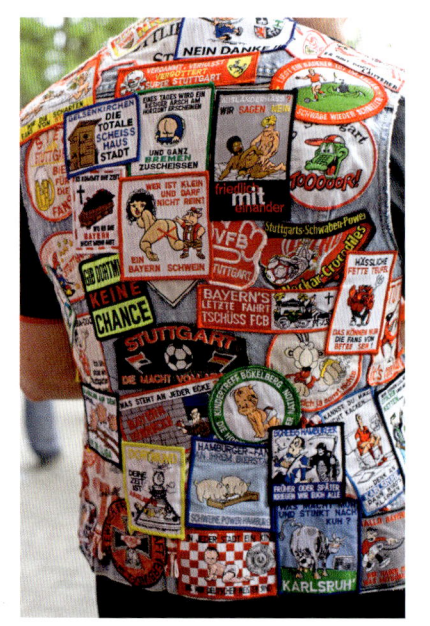

[Wappen- …

... Kunde]

[Morgen, morgen …

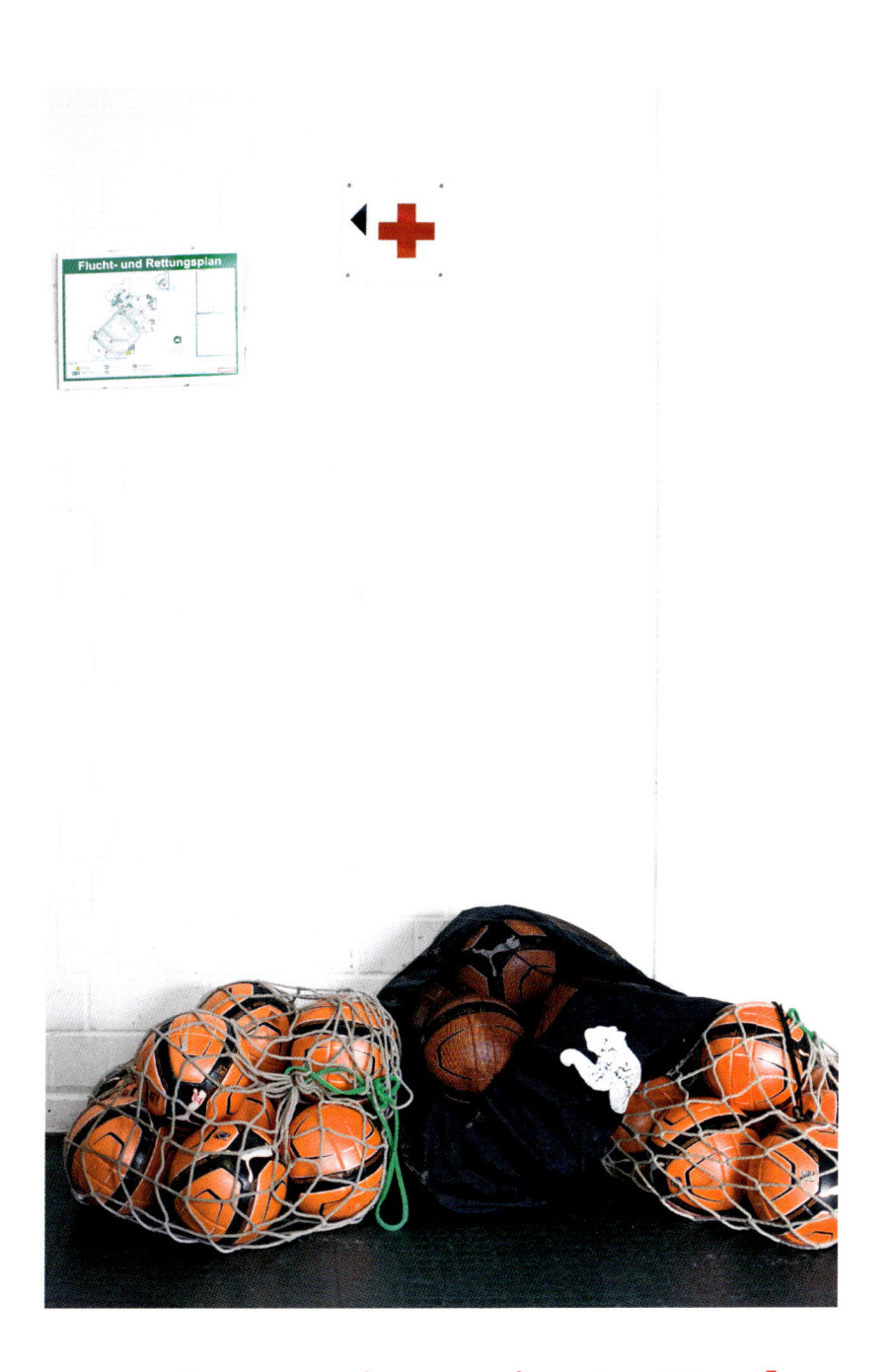

… ist auch noch ein Tag]

[Haus-Ordnung]

199

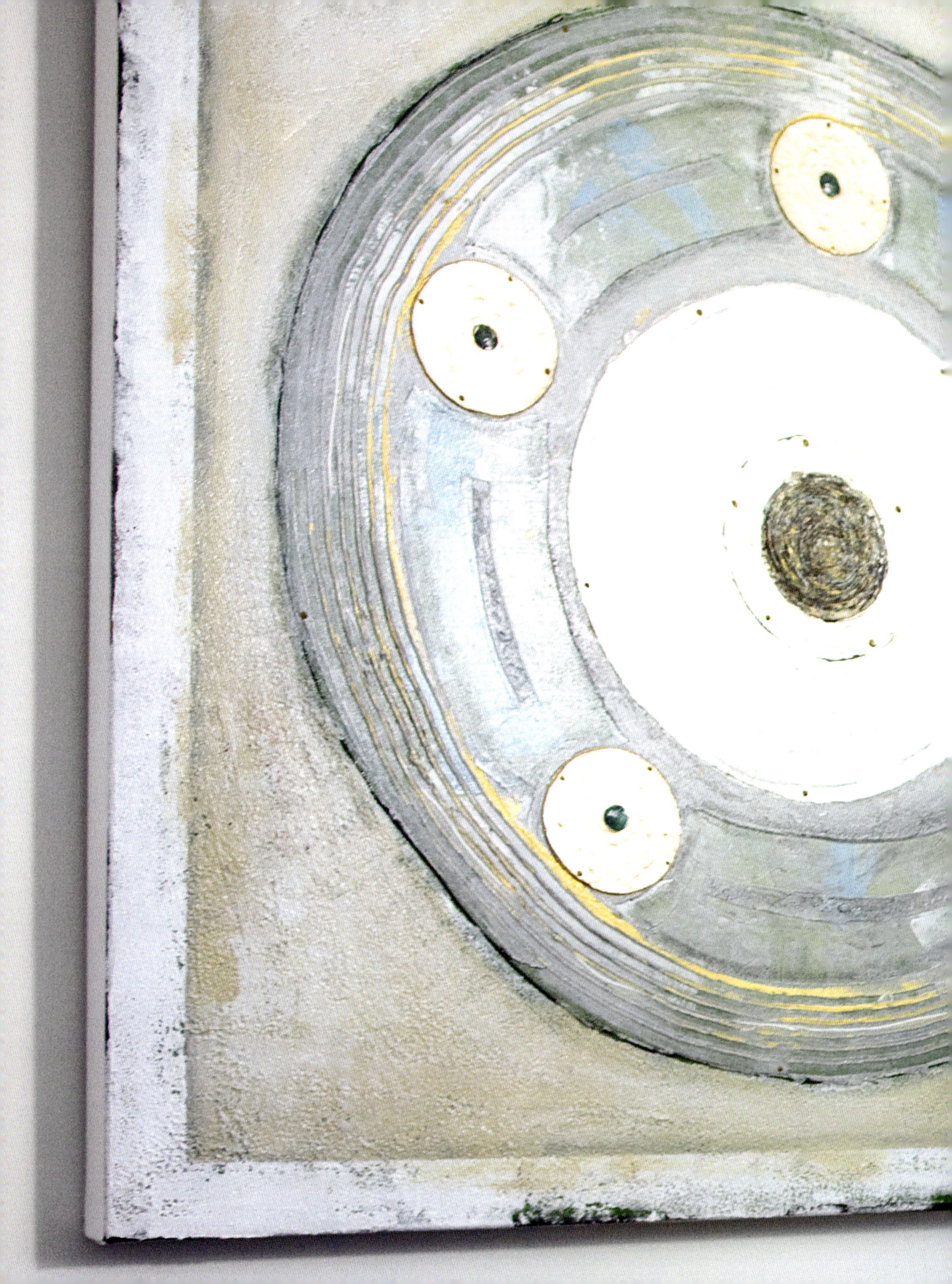

[Vor-Bild]

[Sprech-Stunden]

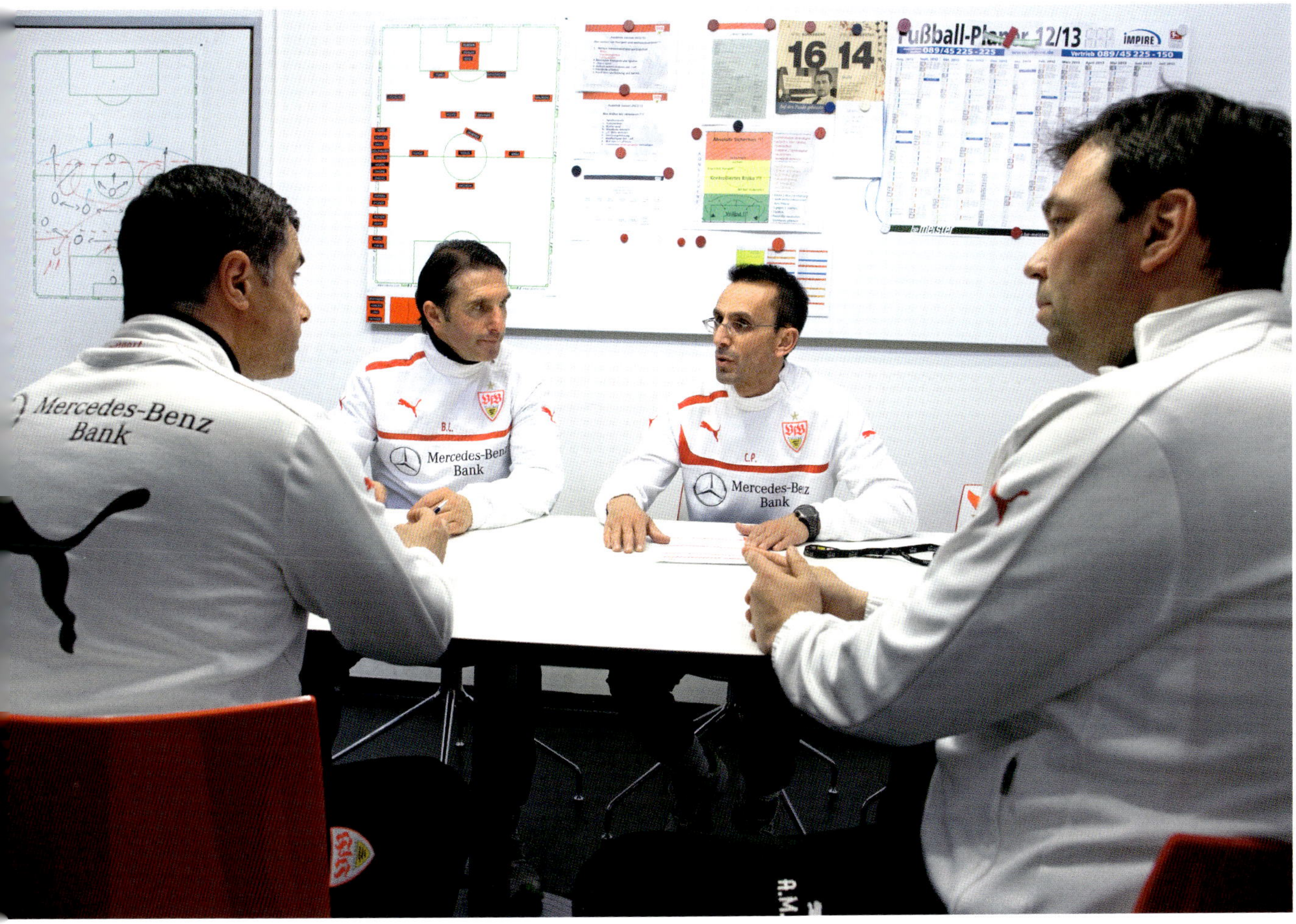
Fußball-Planer 12/13
16 14
Mercedes-Benz
Bank

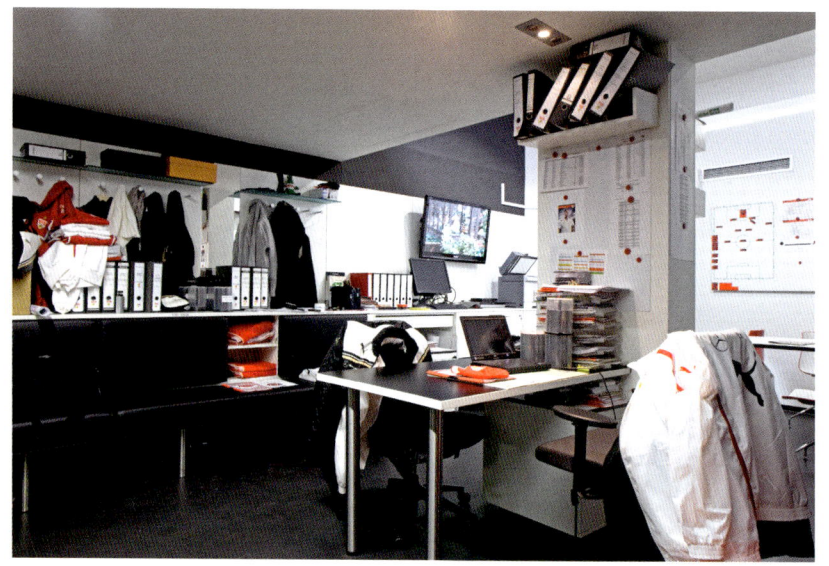

[Neu im Sortiment]

205

[Wir gegen uns]

Mein Lieblingsbild

Rani Khedira

„Im Robert-Schlienz-Stadion habe ich früher mit meinem Vater Spiele angeschaut und später viele Jahre lang selber gespielt."

Mein Lieblingsbild

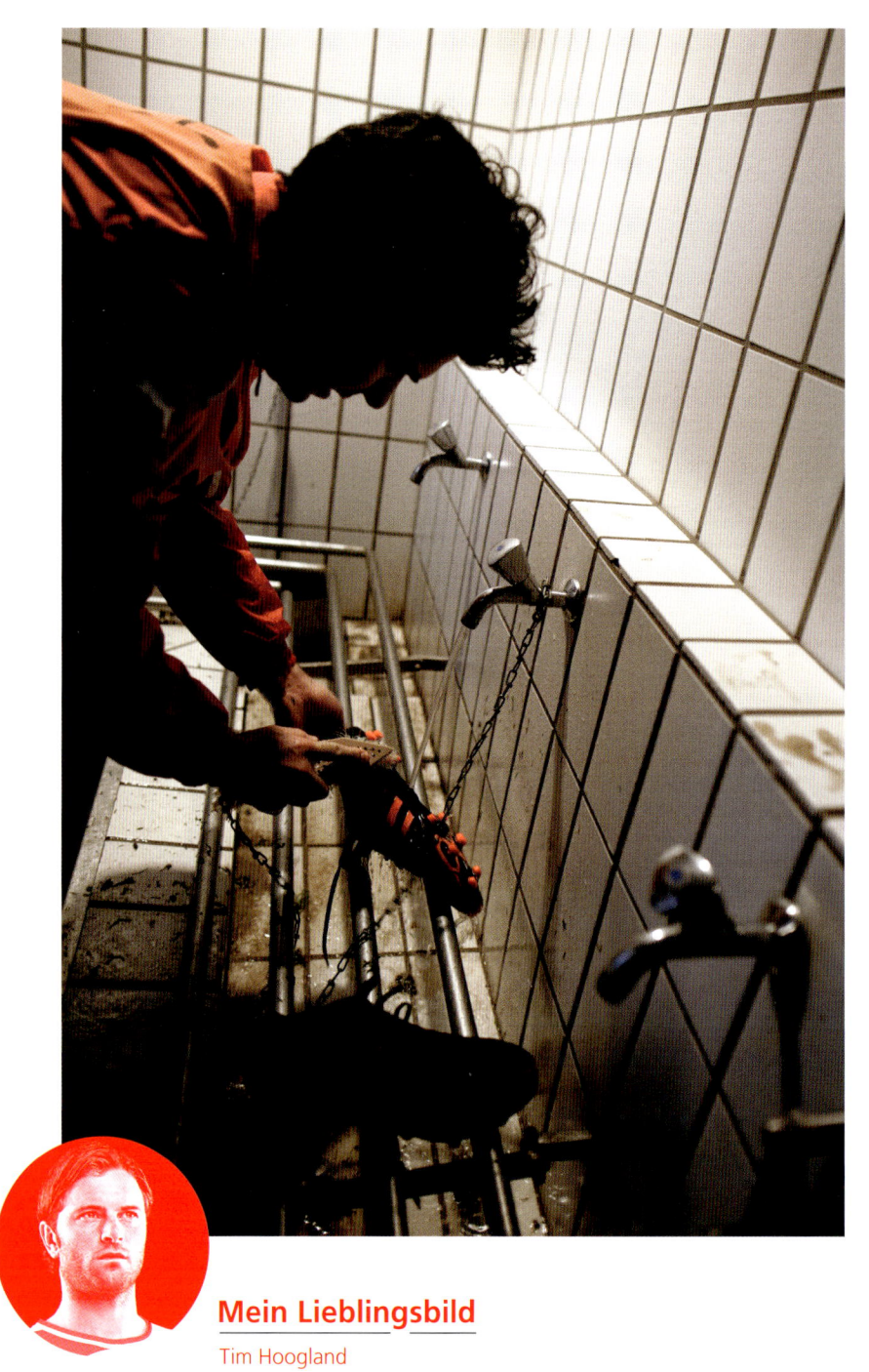

Tim Hoogland

„Hier werden Schuhe noch selbst geputzt."

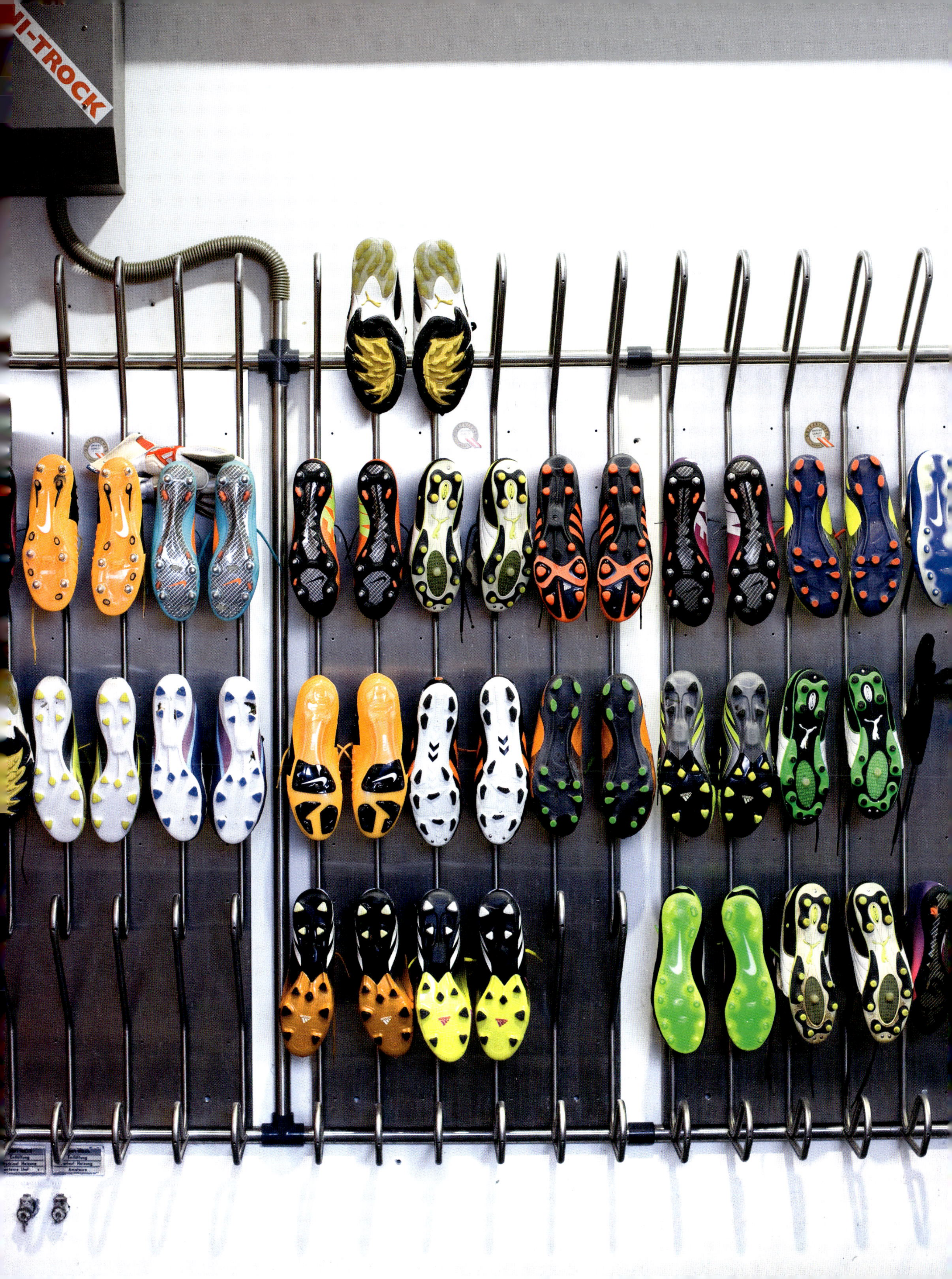
I-TROCK

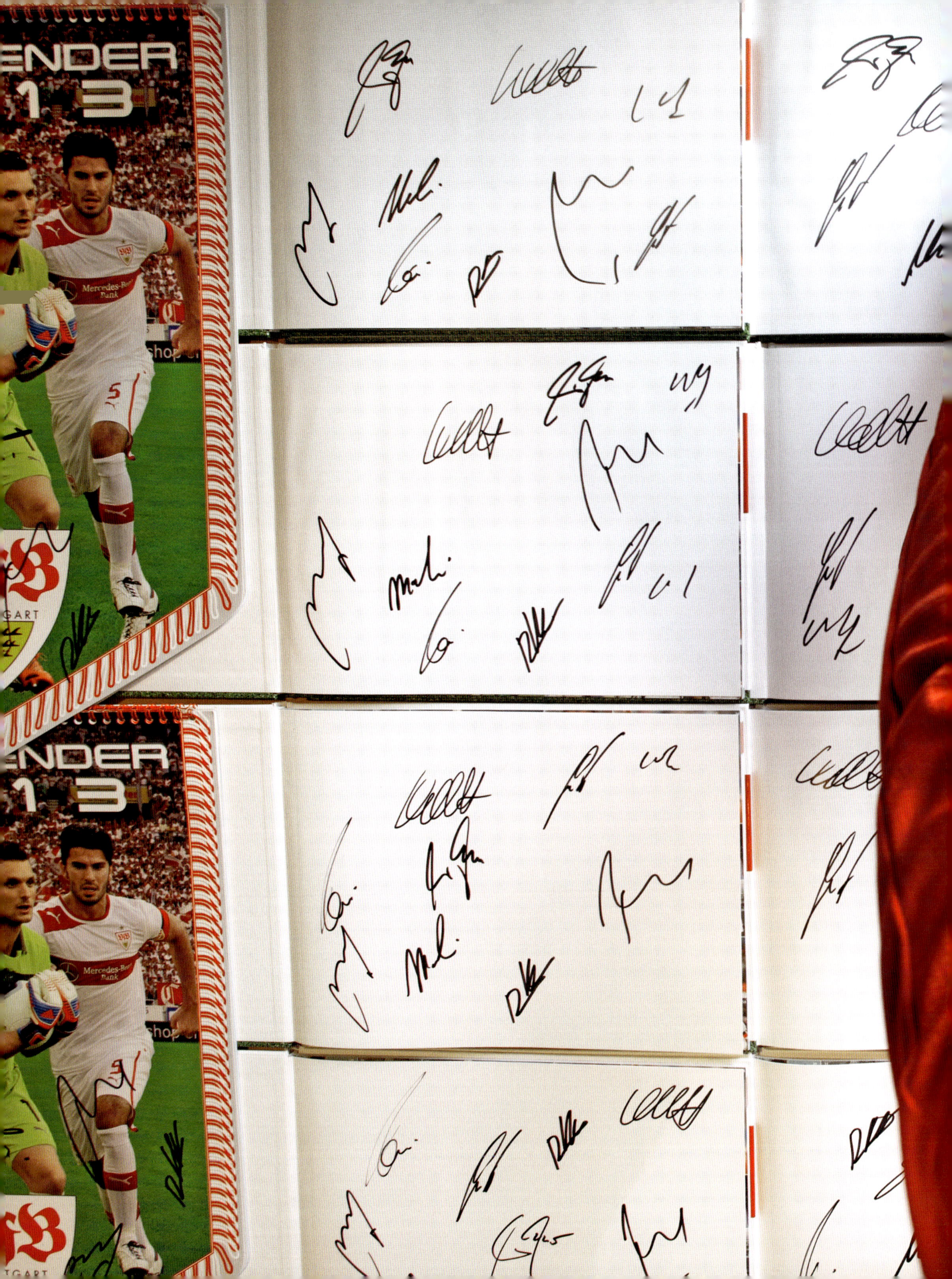

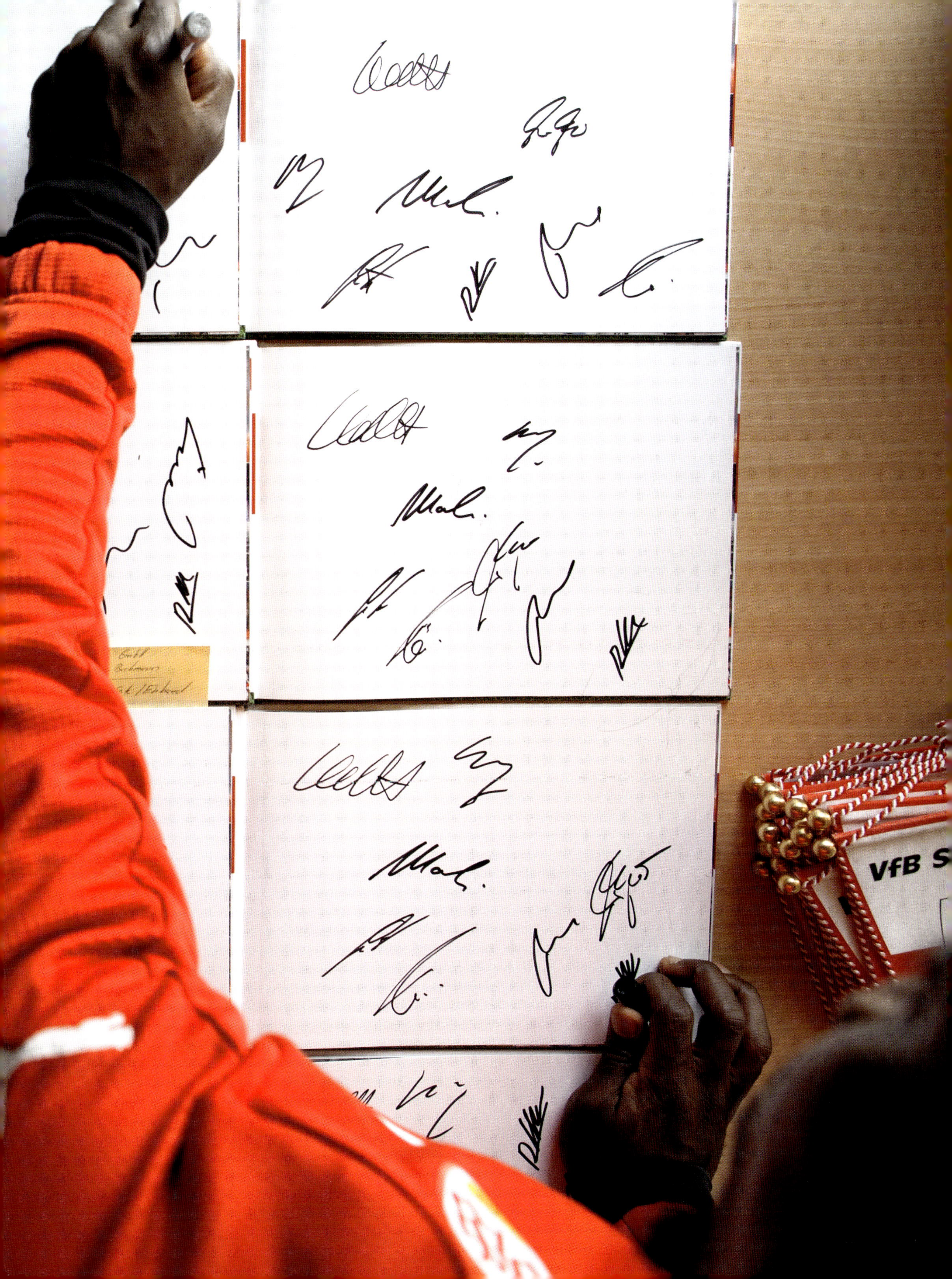
VfB

Eigene C

Der Pokal i

Wir können alles, sogar Be

Endspiel-

Gesetze.
st greifbar.
in. Am Ende war es knapp.
Charakter.

[Im Herzen]

NECKARSTADION
NECKAR-FILS STUTTGART
GUNDELSHEIM
GERLINGEN
BACKNANG
RHÖN
DONAU
ALE!
Cannstatt 97
Cannstatter Jungs
WEILER i.d.R.
Bitburger
MEIN PAKET.de
engelbert strauss
Der neue Golf GTI
TARGOBANK

216

[Aus-Baden]

[Hauptsache Hauptstadt]

[Pokal auf Probe]

[So viel hat nicht gefehlt]

[Eine Frage der Ehre]

[Mit Anstand]

SCHWABENFRONT
WIDDERN98
HARNIK
7
SAKAI
2
STUTTGART
Mercedes-Benz Bank

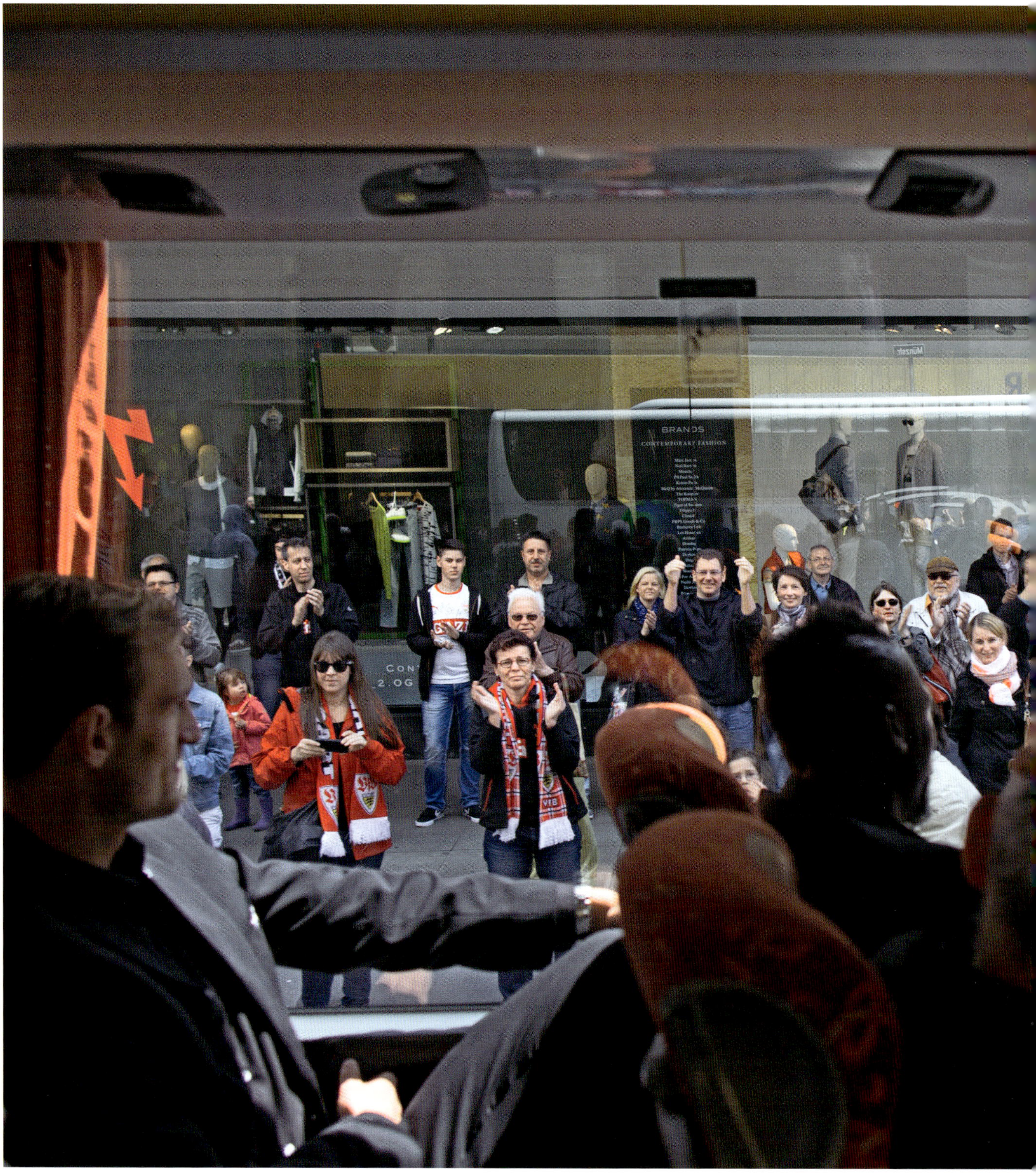
BRANDS
CONTEMPORARY FASHION

[Begleit-Schutz]

Sie wolle
Der Kampf geh
Mit Leidenschaft. Mit allen Mitt
Abpfiff is

n spielen.
immer weiter.
n. Alles geben für den Moment.
t Anpfiff.

DFB-Pokal | Halbfinale

[Siegeshungrig]

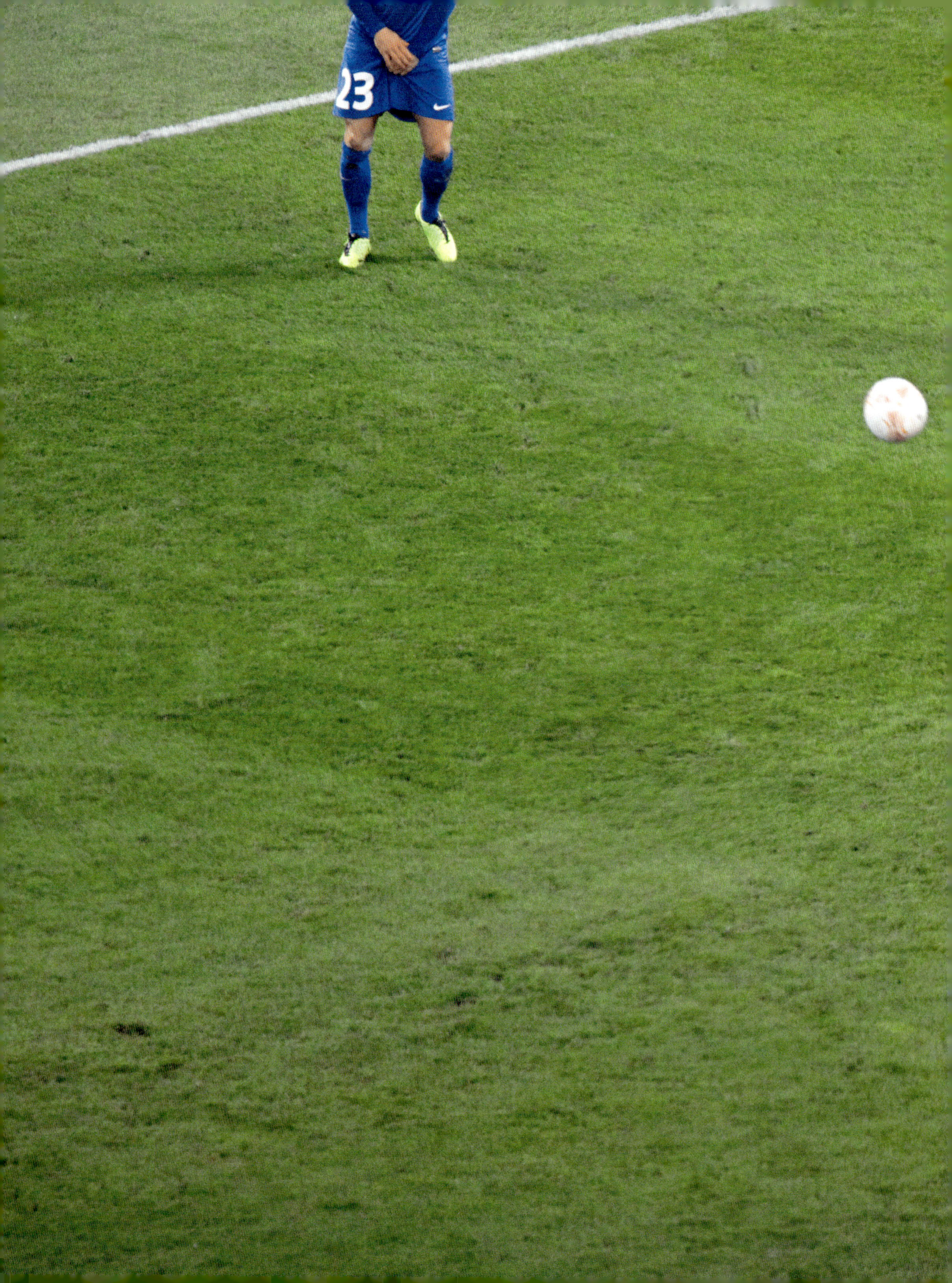
23

[Klares Ziel]

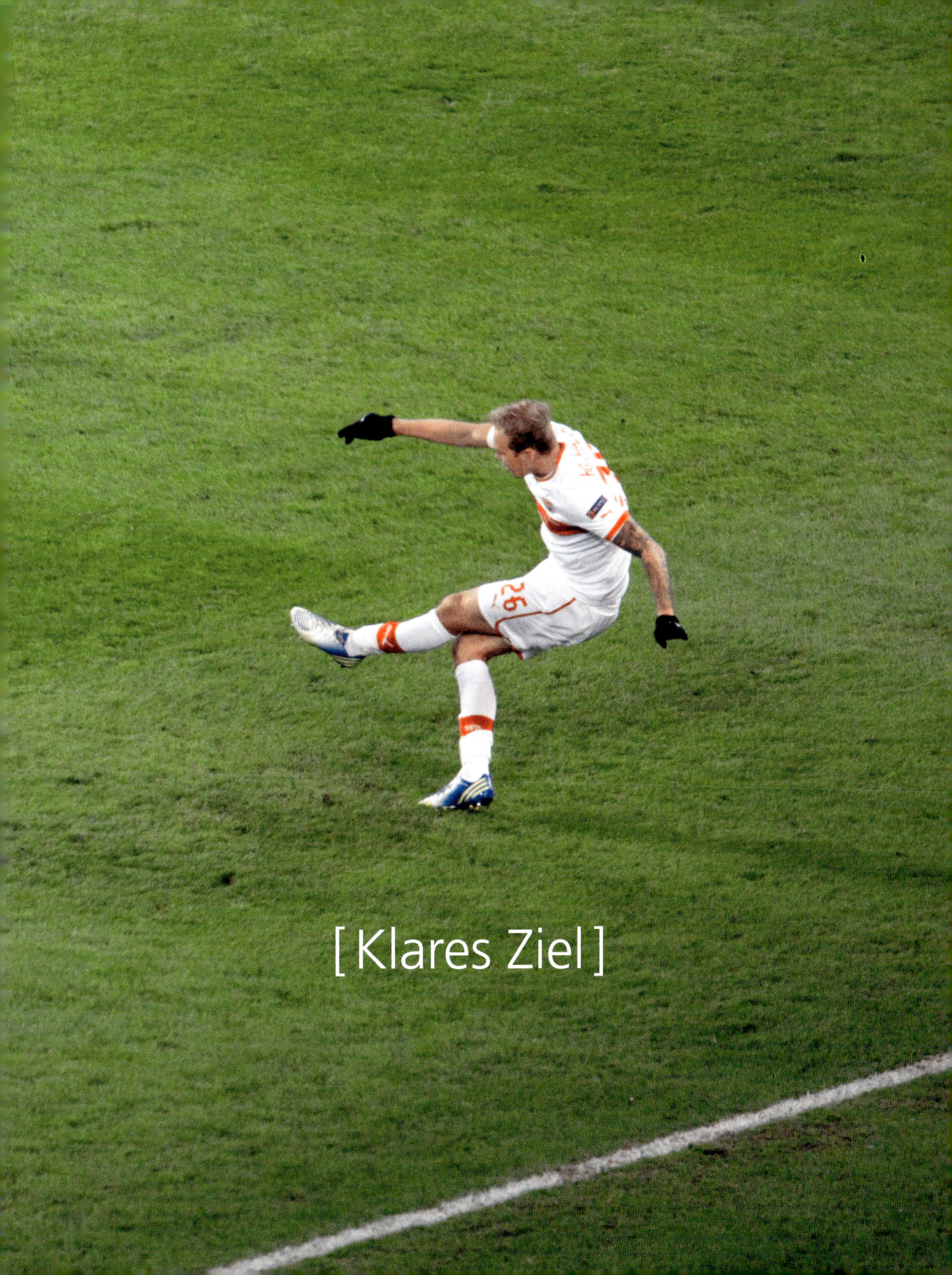

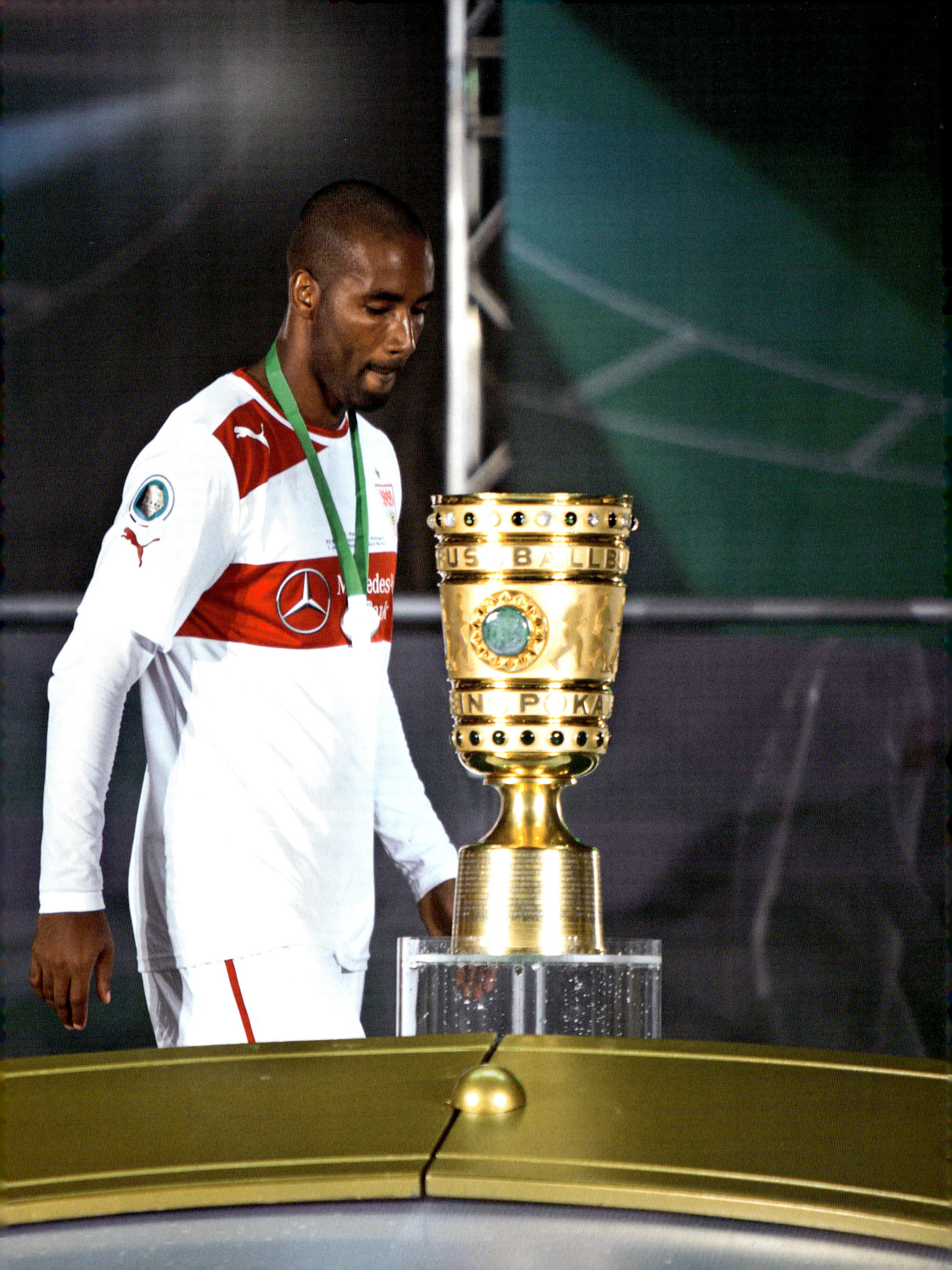

[Dann eben nächstes Mal]

[You'll never walk alone]

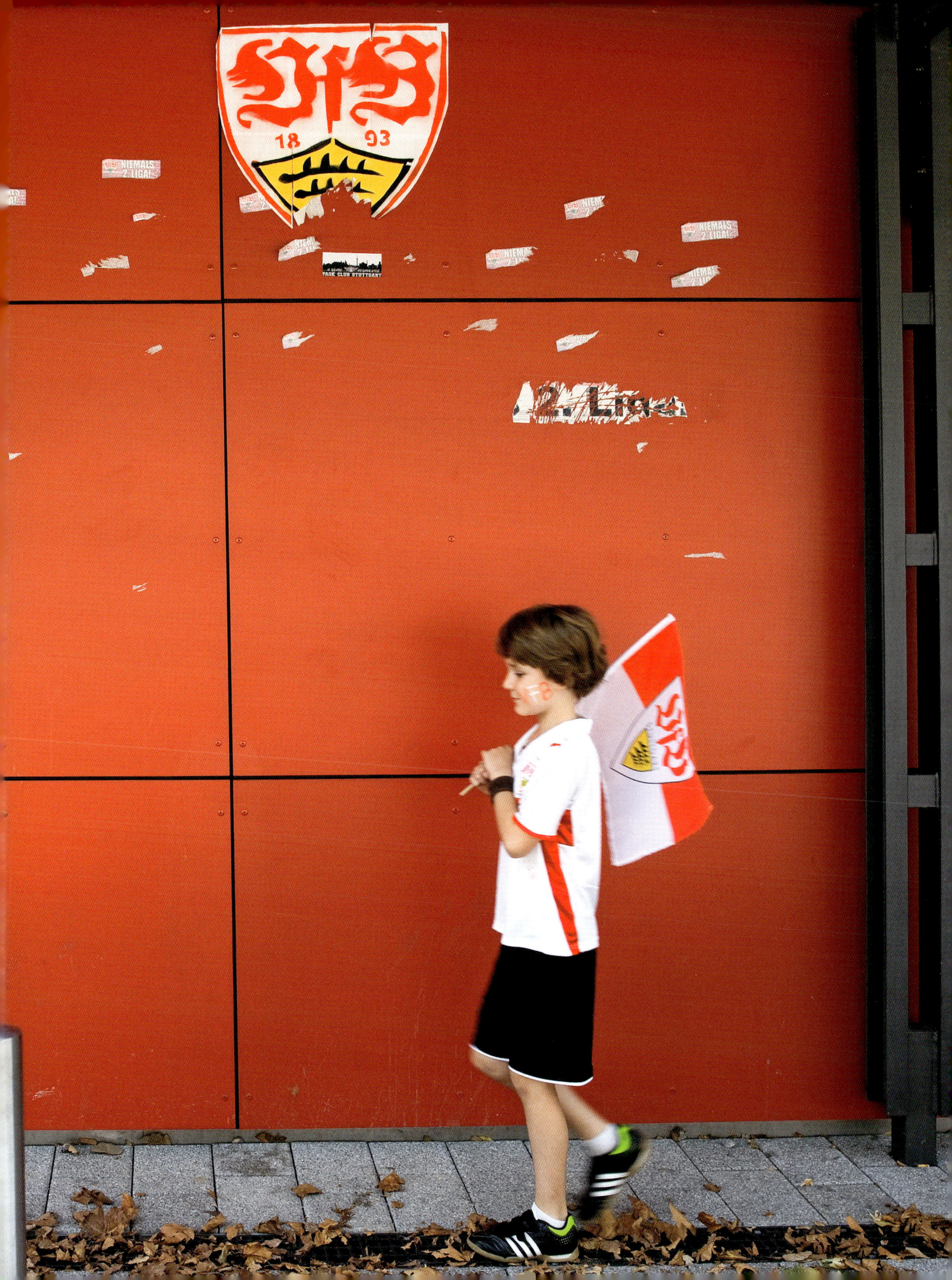
18 93
NIEMALS 2. LIGA!
2. Liga

Fotoverzeichnis

10/11 **Stuttgart, 22.08.2012,** Europa League, Qualifikation, Hinspiel, VfB Stuttgart – Dynamo Moskau 2:0, Kabine des VfB in der Mercedes-Benz Arena.

12/13 **Stuttgart, 17.04.2013,** DFB-Pokal, Halbfinale, VfB Stuttgart – SC Freiburg 2:1, Spieler feiern mit den Fans den Einzug ins Finale.

14/15 **Stuttgart, 31.10.2012,** DFB-Pokal, 2. Runde, VfB Stuttgart – FC St. Pauli 3:0, fleißige Helfer bereiten das Spielfeld auf die Partie vor.

16/17 **Berlin, 01.06.2013,** DFB-Pokal, Endspiel, Bayern München – VfB Stuttgart 3:2 (1:0), Fanblock des VfB Stuttgart im Berliner Olympiastadion.

20 **Donaueschingen, 25.07.2012,** Trainingslager, Arthur Boka.

21 **Donaueschingen, 25.07.2012,** Physiotherapeut Detlef Müller kümmert sich im Trainingslager um die Muskeln von Ibrahima Traoré.

22/23 **Oben links: Donaueschingen, 24.07.2012,** Trainingslager, Vedad Ibisevic. **Oben Mitte, 25.07.2012,** Trainingslager, Martin Harnik, Antonio Rüdiger, Serdar Tasci (von links). **Oben rechts, 25.07.2012,** Trainingslager, Maza. **Unten links, Stuttgart, 06.08.2012,** Trainingsgelände des VfB. **Unten rechts, Donaueschingen, 25.07.2012,** Trainingslager, Arthur Boka, Antonio Rüdiger, Kevin Stöger, Cristian Molinaro (von links).

24 **Donaueschingen, 24.07.2012,** Trainingslager, Sven Ulreich.

25 **Donaueschingen, 24.07.2012,** Trainingslager, Sven Ulreich.

26 **Donaueschingen, 26.07.2012,** Trainingslager, Shinji Okazaki.

27 **Stuttgart, 22.07.2012,** Saisoneröffnung.

28/29 **Stuttgart, 22.07.2012,** Saisoneröffnung, Vedad Ibisevic, Shinji Okazaki, Ibrahima Traoré, Johan Audel (von links).

32/33 **Stuttgart, 06.12.2012,** Europa League, Gruppenphase, VfB Stuttgart – Molde FK 0:1, Mercedes-Benz Arena.

34/35 **Stuttgart, 06.12.2012,** Europa League, Gruppenphase, VfB Stuttgart – Molde FK 0:1, Mercedes-Benz Arena.

36 **Stuttgart, 31.10.2012,** DFB-Pokal, 2. Runde, VfB Stuttgart – FC St. Pauli 3:0, Tribüne Mercedes-Benz Arena.

37 **Stuttgart, 08.12.2012,** Bundesliga, VfB Stuttgart – Schalke 04 3:1, Kabine des VfB.

38 **Bukarest, 22.11.2012,** Europa League, Gruppenphase, Steaua Bukarest – VfB Stuttgart 1:5, Kabine des VfB.

39 **Stuttgart, 25.08.2012,** Bundesliga, VfB Stuttgart – VfL Wolfsburg 0:1, VfB Kabine, Zeugwart Michael Meusch.

40/41 **Stuttgart, 08.12.2012,** Bundesliga, VfB Stuttgart – Schalke 04 3:1, Kabine des VfB.

42 **Stuttgart, 22.08.2012,** Europa League, Qualifikation, Hinspiel, VfB Stuttgart – Dynamo Moskau 2:0, Ausgang VfB Kabine.

43 **Stuttgart, 25.08.2012,** Bundesliga, VfB Stuttgart – VfL Wolfsburg 0:1, Karawane Commando Cannstatt.

44/45 **Stuttgart, 06.12.2012,** Europa League, Gruppenphase, VfB Stuttgart – Molde FK 0:1, Kabinengang Mercedes-Benz Arena, Ibrahima Traoré.

46/47 **Fotos obere Reihe, Stuttgart, 11.11.2012,** Bundesliga, VfB Stuttgart – Hannover 96 2:4, Einkleidung der Ordner vor dem Spiel. **Fotos untere Reihe, Stuttgart, 11.11.2012,** Bundesliga, VfB Stuttgart – Hannover 96 2:4, Ordner kurz vor Öffnung der Stadiontore.

48/49 **Stuttgart, 25.08.2012,** Bundesliga, VfB Stuttgart – VfL Wolfsburg 0:1, Tim Hoogland, Martin Harnik (von links).

50 **Stuttgart, 28.11.2012,** Bundesliga, VfB Stuttgart – FC Augsburg 2:1.

51 **Stuttgart, 23.02.2013,** Bundesliga, VfB Stuttgart – 1. FC Nürnberg 1:1, Blick von der Cannstatter Kurve aufs Spielfeld.

52/53 **Stuttgart, 27.02.2013,** DFB-Pokal, Viertelfinale, VfB Stuttgart – VfL Bochum 2:0, Sven Ulreich.

54/55 **Oben links: Stuttgart, 31.10.2012,** DFB-Pokal, 2. Runde, VfB Stuttgart – FC St. Pauli 3:0. **Oben Mitte, Nürnberg, 29.09.2012,** Bundesliga, 1. FC Nürnberg – VfB Stuttgart 0:2. **Oben rechts, Stuttgart, 22.08.2012,** Europa League, Qualifikation, Hinspiel, VfB Stuttgart – Dynamo Moskau 2:0. **Unten links, Stuttgart, 27.02.2013,** DFB-Pokal, Viertelfinale, VfB Stuttgart – VfL Bochum 2:0. **Unten Mitte, Stuttgart, 28.11.2012,** Bundesliga, VfB Stuttgart – FC Augsburg 2:1. **Unten rechts, Stuttgart, 28.11.2012,** Bundesliga, VfB Stuttgart – FC Augsburg 2:1.

56/57 **Stuttgart, 22.08.2012,** Europa League, Qualifikation, Hinspiel, VfB Stuttgart – Dynamo Moskau 2:0.

58 **Stuttgart, 28.10.2012,** Bundesliga, VfB Stuttgart – Eintracht Frankfurt 2:1. Kabineneingang.

59 **Stuttgart, 19.12.2012,** DFB-Pokal, Viertelfinale, VfB Stuttgart – 1. FC Köln 2:1, VfB Kabine, Cristian Molinaro, Ibrahima Traoré, Vedad Ibisevic (von links).

60/61 **Stuttgart, 19.12.2012,** DFB-Pokal, Viertelfinale, VfB Stuttgart – 1. FC Köln 2:1, Cristian Molinaro.

62 **Stuttgart, 06.02.2013,** Ausgang Kabine im Vereinsheim, Martin Harnik.

63 **Oben, Stuttgart, 08.02.2013,** Trainingsgelände. **Unten, Stuttgart, 03.01.2013,** Trainingsgelände VfB, Start nach der Winterpause.

64 **Stuttgart, 06.02.2013,** VfB Kabine, Trainingsgelände am Vereinsheim, Regale mit den Kickstiefeln der Spieler.

65 **Stuttgart, 06.02.2013,** VfB Kabine, Trainingsgelände am Vereinsheim, Umkleidebereich der Spieler.

66 **Stuttgart, 06.02.2013,** VfB Kabine, Trainingsgelände am Vereinsheim, Umkleidebereich der Spieler, Ablagefächer für die persönlichen Dinge der Spieler.

67 **Stuttgart, 06.02.2013,** VfB Kabine, Trainingsgelände am Vereinsheim, Umkleidebereich, Serdar Tasci (links), Tunay Torun.

70/71 **Nürnberg, 29.09.2012,** Bundesliga, 1. FC Nürnberg – VfB Stuttgart 0:2, Fans auf dem Weg nach Nürnberg.

72 **Oben links, München, 02.09.2012,** Bundesliga, Bayern München – VfB Stuttgart 6:1, Fans fahren mit der S-Bahn zum Stadion. **Oben rechts, Freiburg, 25.11.2012,** Bundesliga, SC Freiburg – VfB Stuttgart 3:0, Fans reisen mit dem Fanzug nach Freiburg. **Unten links, Freiburg, 25.11.2012,** Bundesliga, SC

Freiburg – VfB Stuttgart 3:0, Fans in der S-Bahn. **Unten rechts, Freiburg, 25.11.2012,** Bundesliga, SC Freiburg – VfB Stuttgart 3:0, S-Bahn-Haltestelle.

73   **Oben links, Hoffenheim, 17.02.2013,** Bundesliga, TSG 1899 Hoffenheim – VfB Stuttgart 0:1, Fans auf dem Weg nach Sinsheim. **Unten links, Hoffenheim, 17.02.2013,** Bundesliga, TSG 1899 Hoffenheim – VfB Stuttgart 0:1, Fans fahren im Autokorso nach Sinsheim. **Rechts, Nürnberg, 29.09.2012,** Bundesliga, 1. FC Nürnberg – VfB Stuttgart 0:2, Fanbus auf dem Weg nach Nürnberg.

74/75   **Stuttgart, 25.08.2012,** Bundesliga, VfB Stuttgart – VfL Wolfsburg 0:1, Container mit Kickstiefeln der Spieler.

76/77   **Stuttgart, 09.02.2013,** Bundesliga, VfB Stuttgart – Werder Bremen 1:4, Trainer Bruno Labbadia.

78   **Stuttgart, 09.02.2013,** Bundesliga, VfB Stuttgart – Werder Bremen 1:4, Tunay Torun.

79   **Stuttgart, 08.11.2012,** Europa League, Gruppenphase, FC Kopenhagen – VfB Stuttgart 0:2, Fankneipe „Zum Vogel" in Untertürkheim.

80/81   **München, 21.10.2012,** Bundesliga, Hamburger SV – VfB Stuttgart 0:1, VfB Fantreff „Café Sax" in München.

82/83   **Stuttgart, 06.02.2013,** Spielerkabine im Vereinsheim, Entspannungsbad, Georg Niedermeier.

84   **Stuttgart, 06.02.2013,** Spielerkabine im Vereinsheim, Trainer Bruno Labbadia (links) im Gespräch mit Konditionstrainer Dr. Christos Papadopoulos.

85   **Stuttgart, 06.02.2013,** Spielerkabine im Vereinsheim, Konditionstrainer Dr. Christos Papadopoulos kümmert sich um Georg Niedermeier.

86/87   **Stuttgart, 29.01.2013,** Mercedes-Benz Arena, Rasen-Beleuchtung.

90/91   **Stuttgart, 19.12.2012,** DFB-Pokal, Viertelfinale, VfB Stuttgart – 1. FC Köln 2:1, Eingangsbereich Mercedes-Benz Arena.

92   **Stuttgart, 14.02.2013,** Europa League, Zwischenrunde, Hinspiel, VfB Stuttgart – KRC Genk 1:1. Außenbereich Mercedes-Benz Arena.

93   **Stuttgart, 09.02.2013,** Bundesliga, VfB Stuttgart – Werder Bremen 1:4, Tribüne Mercedes-Benz Arena.

94/95   **Stuttgart, 28.11.2012,** Bundesliga, VfB Stuttgart – FC Augsburg 2:1, Einlaufkinder.

96/97   **Stuttgart, 09.02.2013,** Bundesliga, VfB Stuttgart – Werder Bremen 1:4.

98/99   **Stuttgart, 14.02.2013,** Europa League, Zwischenrunde, Hinspiel, VfB Stuttgart – KRC Genk 1:1. In der VfB Mauer von links: Vedad Ibisevic, Raphael Holzhauser, Georg Niedermeier, Serdar Tasci.

100   **Stuttgart, 28.11.2012,** Bundesliga, VfB Stuttgart – FC Augsburg 2:1, Tunay Torun.

101   **Stuttgart, 27.01.2013,** Bundesliga, VfB Stuttgart – Bayern München 0:2.

102/103   **Oben links: Stuttgart, 06.12.2012,** Europa League, Gruppenphase, VfB Stuttgart – Molde FK 0:1, **Oben rechts, Hoffenheim, 17.02.2013,** Bundesliga, TSG 1899 Hoffenheim – VfB Stuttgart 1:0. **Unten links, Stuttgart, 27.02.2013, Hoffenheim, 17.02.2013,** Bundesliga, TSG 1899 Hoffenheim – VfB Stuttgart 1:0. **Unten Mitte, Nürnberg, 29.09.2012,** Bundesliga, 1. FC Nürnberg – VfB Stuttgart 0:2. **Unten rechts, Stuttgart, 25.08.2012,** Bundesliga, VfB Stuttgart – VfL Wolfsburg 0:1, Fans nach dem Elfmeterpfiff für den VfB kurz vor Spielende.

104   **Stuttgart, 14.02.2013,** Europa League, Zwischenrunde, VfB Stuttgart – KRC Genk 1:1.

105   **Stuttgart, 22.08.2012,** Europa League, Qualifikation, Hinspiel, VfB Stuttgart – Dynamo Moskau 2:0.

106   **Stuttgart, 31.10.2012,** DFB-Pokal, 2. Runde, VfB Stuttgart – FC St. Pauli 3:0, Maza (links), Ibrahima Traoré.

107   **Stuttgart, 31.10.2012,** DFB-Pokal, 2. Runde, VfB Stuttgart – FC St. Pauli 3:0, William Kvist (links), Arthur Boka.

108   **Stuttgart, 28.01.2013,** Bekenntnis der Leidenschaft: Hausschmuck in Weil der Stadt.

109   **Stuttgart, 14.02.2013,** Europa League, Zwischenrunde, Hinspiel, VfB Stuttgart – KRC Genk 1:1. Mercedes-Benz Arena, aufgenommen vom Stuttgarter Wohngebiet Luginsland aus.

110   **Stuttgart, 29.10.2012,** Aufkleber in einer Fensterscheibe in Bad Cannstatt, Fußweg zur Mercedes-Benz Arena.

111   **Stuttgart, 25.11.2012,** Bundesliga, SC Freiburg – VfB Stuttgart 3:0, Fahne an einem Wohnhaus in Stuttgart.

112   **Stuttgart, 28.01.2013,** Aufkleber an einem Auto in der Tiefgarage der Kunstakademie Stuttgart.

113   **Oben, Stuttgart, 28.11.2012,** Logistiklager von VfB Merchandising-Artikeln in Fellbach.

116/117   **Stuttgart, 21.11.2012,** Flughafen Stuttgart, Abflug zum Europa-League-Spiel nach Bukarest, Trainer Bruno Labbadia.

118/119   **Stuttgart, 23.11.2012,** Flughafen Stuttgart, Rückkehr vom Europa-League-Spiel in Bukarest, Arthur Boka (links).

120   **Bukarest, 21.11.2012,** Flughafen Bukarest, Ankunft zum Europa-League-Spiel in der rumänischen Hauptstadt.

121   **Bukarest, 22.11.2012,** Europa League, Gruppenphase, Steaua Bukarest – VfB Stuttgart 1:5, Kabine des VfB.

122   **Bukarest, 22.11.2012,** Europa League, Gruppenphase, Steaua Bukarest – VfB Stuttgart 1:5, Kabine des VfB, Zeugwart Kostas Papandrafillis.

123   **Bukarest, 22.11.2012,** Europa League, Gruppenphase, Steaua Bukarest – VfB Stuttgart 1:5, Kabine des VfB, Kiste mit verschiedenen Stollen für die Kickstiefel.

124   **Bukarest, 21.11.2012,** Europa League, Gruppenphase, Steaua Bukarest – VfB Stuttgart 1:5, Abschlusstraining am Abend vor der Partie.

125   **Bukarest, 22.11.2012,** Europa League, Gruppenphase, Steaua Bukarest – VfB Stuttgart 1:5, Auswechselbank, Raphael Holzhauser, Ibrahima Traoré, Arthur Boka, Antonio Rüdiger (von links).

126/127   **Bukarest, 22.11.2012,** Europa League, Gruppenphase, Steaua Bukarest – VfB Stuttgart 1:5, Videowürfel des Stadions mit dem Endstand.

128/129   **Bukarest, 22.11.2012,** Europa League, Gruppenphase, Steaua Bukarest – VfB Stuttgart 1:5, Kabine des VfB nach dem Spiel.

132/ **Links, Stuttgart, 06.12.2013,** Europa
133 League, Gruppenphase, VfB Stuttgart – Molde FK 0:1, VfB Sport Shop. **Rechts, Stuttgart, 23.02.2013,** Bundesliga, VfB Stuttgart – 1. FC Nürnberg 1:1, „Otto's Vesperstüble" im Außenbereich der Mercedes-Benz Arena.

134 **Oben, Stuttgart, 11.11.2012,** Bundesliga, VfB Stuttgart – Hannover 96 2:4, Polizei in der Benzstraße in Bad Cannstatt. **Unten, Stuttgart, 11.11.2012,** Bundesliga, VfB Stuttgart – Hannover 96 2:4, Reiterstaffel der Polizei.

135 **Oben, Stuttgart, 11.11.2012,** Bundesliga, VfB Stuttgart – Hannover 96 2:4, Video-Überwachungszentrale in der Mercedes-Benz Arena. **Unten, Stuttgart, 11.11.2012,** Bundesliga, VfB Stuttgart – Hannover 96 2:4, Polizei begleitet die Ankunft der Fans.

136/ **Stuttgart, 11.11.2012,** Bundesliga, VfB Stuttgart – Hannover 96 2:4, Polizei-Überwachung des Innenbereichs der Mercedes-Benz Arena.
137

138/ **Stuttgart, 19.12.2012,** DFB-Pokal, Viertelfinale, VfB Stuttgart – 1. FC Köln 2:1, Gaststätte „Karlseck" in Bad Cannstatt.
139

140 **Oben, Stuttgart, 01.12.2012,** Bundesliga, SpVgg Greuther Fürth – VfB Stuttgart 0:1, Seekneipe am Feuersee in Stuttgart. **Unten, München, 21.10.2012,** Bundesliga, Hamburger SV – VfB Stuttgart 0:1, Fankneipe in München.

141 **Oben, Stuttgart, 01.12.2012,** Bundesliga, SpVgg Greuther Fürth – VfB Stuttgart 0:1, Seekneipe am Feuersee in Stuttgart. **Unten, Stuttgart, 08.11.2012,** Europa League, Gruppenphase, FC Kopenhagen – VfB Stuttgart 0:2, Fankneipe „Zum Vogel" in Untertürkheim.

144/ **Antalya, 04.01.2013,** Flug ins Trainingslager
145 in der Türkei, Cristian Molinaro, Kevin Stöger, Ibrahima Traoré, Johan Audel (von links).

146/ **Antalya, 04.01.2013,** Flughafen Antalya,
147 Gepäckband, Georg Niedermeier, Martin Harnik, Daniel Didavi (von links).

148 **Antalya, 04.01.2013,** Flughafen Antalya, Mannschaftsbus, Daniel Didavi.

149 **Antalya, 04.01.2013,** Trainingslager in der Türkei, Ankunft im Hotel.

150/ **Antalya, 05.01.2013,** Trainingslager in
151 der Türkei, Mannschaftshotel, Zimmer von Sven Ulreich.

152 **Antalya, 06.01.2013,** Trainingslager in der Türkei, Trainingsgelände, Mannschaftsbetreuer Ralph Herkommer im Golf-Wagen.

153 **Antalya, 05.01.2013,** Trainingslager in der Türkei, Trainingseinheit.

154 **Antalya, 06.01.2013,** Trainingslager in der Türkei, Fitnesstraining am Pool, Konditionstrainer Dr. Christos Papadopoulos (links) mit William Kvist.

155 **Antalya, 06.01.2013,** Trainingslager in der Türkei, Johan Audel.

156 **Antalya, 06.01.2013,** Trainingslager in der Türkei, Shinji Okazaki.

157 **Antalya, 06.01.2013,** Trainingslager in der Türkei, Ibrahima Traoré, Konditionstrainer Dr. Christos Papadopoulos , Christian Gentner (von links).

158/ **Antalya, 06.01.2013,**
159 Trainingslager in der Türkei, Trainingsplatz.

160 **Antalya, 06.01.2013,** Trainingslager in der Türkei, Gotoku Sakai.

161 **Antalya, 06.01.2013,** Trainingslager in der Türkei, Trainingsplatz.

162 **Antalya, 06.01.2013,** Trainingslager in der Türkei, Vertragsverlängerung von Christian Gentner (links), Pressefotograf Herbert Rudel.

163 **Oben, Antalya, 05.01.2013,** Trainingslager in der Türkei, Tischtennisspiel zwischen Vedad Ibisevic (links) und Johan Audel. **Unten, Antalya, 05.01.2013,** Trainingslager in der Türkei, Backgammonspiel zwischen Tunay Torun (links) und Serdar Tasci.

164/ **Antalya, 06.01.2013,** Trainingslager
165 in der Türkei, Vertragsverlängerung von Christian Gentner (links).

166/ **Stuttgart, 07.02.2013,**
167 Mercedes-Benz Arena im Winter, aufgenommen vom Mercedes-Benz Museum aus.

170 **Stuttgart, 27.01.2013,** Bundesliga, VfB Stuttgart – Bayern München 0:2, Fans nach der Partie.

171 **Stuttgart, 08.12.2012,** Bundesliga, VfB Stuttgart – Schalke 04 3:1, Mercedes-Benz Arena.

172 **Stuttgart, 22.08.2012,** Europa League, Qualifikation, Hinspiel, VfB Stuttgart – Dynamo Moskau 2:0, kurz vor dem Betreten des Stadions, in der Mitte Arthur Boka.

173 **Stuttgart, 27.02.2013,** DFB-Pokal, Viertelfinale, VfB Stuttgart – VfL Bochum 2:0, in der Mitte Gotoku Sakai (links) und William Kvist.

174/ **Stuttgart, 28.10.2012,** Bundesliga,
175 VfB Stuttgart – Eintracht Frankfurt 2:1, Einlaufkinder.

176/ **Stuttgart, 25.08.2012,** Bundesliga,
177 VfB Stuttgart – VfL Wolfsburg 0:1, Spielertunnel Mercedes-Benz Arena, Maza.

178 **Stuttgart, 27.01.2013,** Bundesliga, VfB Stuttgart – Bayern München 0:2, Fotografen am Spielfeldrand.

179 **Stuttgart, 27.02.2013,** DFB-Pokal, Viertelfinale, VfB Stuttgart – VfL Bochum 2:0, Gotoku Sakai.

180/ **Stuttgart, 14.02.2013,** Europa League,
181 Zwischenrunde, VfB Stuttgart – KRC Genk 1:1, VfB Fans.

182/ **Stuttgart, 27.02.2013,** DFB-Pokal,
183 Viertelfinale, VfB Stuttgart – VfL Bochum 2:0, Ibrahima Traoré.

184 **Stuttgart, 07.03.2013,** Europa League, Achtelfinale, Hinspiel, VfB Stuttgart – Lazio Rom 0:2, verzweifelte Fans.

185 **Stuttgart, 10.03.2013,** Bundesliga, VfB Stuttgart – Hamburger SV 0:1, Ibrahima Traoré.

186 **Stuttgart, 19.12.2012,** DFB-Pokal, Viertelfinale, VfB Stuttgart – 1. FC Köln 2:1, Martin Harnik nach dem Spiel in der VfB Kabine.

187 **Stuttgart, 07.03.2013,** Europa League, Achtelfinale, Hinspiel, VfB Stuttgart – Lazio Rom 0:2, Trainer Bruno Labbadia.

188/ **Stuttgart, 28.11.2012,** Bundesliga,
189 VfB Stuttgart – FC Augsburg 2:1, Vedad Ibisevic beim Fernsehinterview.

190/ **Oben links: Bukarest, 21.11.2012,**
191 Abschlusspressekonferenz vor dem Europa-League-Spiel bei Steaua Bukarest, Vedad Ibisevic. **Oben rechts, Stuttgart, 27.01.2013,** Bundesliga, VfB Stuttgart – Bayern München 0:2, Cristian Molinaro im Fernsehinterview. **Unten links,**

Stuttgart, 28.10.2012, Bundesliga, VfB Stuttgart – Eintracht Frankfurt 2:1, Fernsehinterviews von Christian Gentner (links) und Martin Harnik. **Unten rechts, Stuttgart, 22.08.2012,** Europa League, Qualifikation, Hinspiel, VfB Stuttgart – Dynamo Moskau 2:0, Shinji Okazaki beim Interview.

194 **Oben links: Stuttgart, 28.10.2012,** Bundesliga, VfB Stuttgart – Eintracht Frankfurt 2:1, Fankutte. **Oben rechts: Stuttgart, 31.10.2012,** DFB-Pokal, 2. Runde, VfB Stuttgart – FC St. Pauli 3:0, Fankutte. **Unten links: Stuttgart, 27.02.2013,** DFB-Pokal, Viertelfinale, VfB Stuttgart – VfL Bochum 2:0, Fankutte. **Unten rechts: Nürnberg, 29.09.2012,** Bundesliga, 1. FC Nürnberg – VfB Stuttgart 0:2, Fankutte.

195 **Stuttgart, 28.01.2013,** Fanleidenschaft auf dem freien Feld bei Esslingen.

196 **Stuttgart, 28.01.2013,** Vereinsgelände des VfB, Sportdirektor Fredi Bobic beim Interview.

197 **Stuttgart, 06.02.2013,** Ausgang Kabine im Vereinsheim.

198 **Stuttgart, 06.02.2013,** Arbeitsplatz der Zeugwarte im Umkleidebereich auf dem VfB Vereinsgelände.

199 **Stuttgart, 06.02.2013,** Arbeitsplatz der Zeugwarte im Umkleidebereich auf dem VfB Vereinsgelände, vorbereitete Spielernamen für die Beflockung der Trikots.

200/ **Stuttgart, 06.02.2013,** Trainerbüro von
201 Bruno Labbadia in der VfB Geschäftsstelle.

202 **Stuttgart, 06.02.2013,** Umkleidekabine im Klubheim, Torhüter Rastko Suljagic, Cristian Molinaro, Felipe Lopes (von links).

203 **Stuttgart, 06.02.2013,** Umkleidekabine der Trainer, Besprechung zwischen Erdinc Sözer, Trainer Bruno Labbadia, Dr. Christos Papadopoulos, Andreas Menger (von links).

204 **Oben: Stuttgart, 06.02.2013,** Umkleidekabine im Klubheim, Regal für die Handschuhe und die Mützen.
Unten: Stuttgart, 06.02.2013, Umkleidekabine der Trainer.

205 **Oben: Stuttgart, 06.02.2013,** Raum der Zeugwarte im Trainingsbereich im Klubheim.
Unten: Stuttgart, 06.02.2013, Umkleidekabine der Spieler, Kickstiefel.

206 **Stuttgart, 07.08.2012,** Trainingsspielchen, VfB Sportgelände.

207 **Stuttgart, 07.08.2012,** Training Robert-Schlienz-Stadion.

208 **Stuttgart, 06.02.2013,** Schuhputzraum am Klubheim, Serdar Tasci.

209 **Stuttgart, 06.02.2013,** Umkleidekabine der Spieler, Heizung für die Kickstiefel.

210/ **Stuttgart, 29.10.2012,** Umkleidekabine der
211 Spieler, Arthur Boka schreibt Autogramme.

214/ **Stuttgart, 17.04.2013,** DFB-Pokal, Halb-
215 finale, VfB Stuttgart – SC Freiburg 2:1, Choreografie in der Cannstatter Kurve.

216/ **Oben links: Stuttgart, 17.04.2013,**
217 DFB-Pokal, Halbfinale, VfB Stuttgart – SC Freiburg 2:1, Einstimmung vor dem Anpfiff.
Oben Mitte: Stuttgart, 17.04.2013, DFB-Pokal, Halbfinale, VfB Stuttgart – SC Freiburg 2:1, Jubeln nach dem Treffer zum 1:0, Alexandru Maxim, Christian Gentner, Torschütze Arthur Boka (von links).
Oben rechts, Stuttgart, 17.04.2013, DFB-Pokal, Halbfinale, VfB Stuttgart – SC Freiburg 2:1, Jubel nach dem Einzug ins Finale. **Unten links, Stuttgart, 17.04.2013,** DFB-Pokal, Halbfinale, VfB Stuttgart – SC Freiburg 2:1, Spieler beim Bad in der Menge, Cristian Molinaro.
Unten rechts, Stuttgart, 17.04.2013, DFB-Pokal, Halbfinale, VfB Stuttgart – SC Freiburg 2:1, ausgelassener Jubel in der VfB Kabine, Christian Gentner, Ibrahima Traoré, Antonio Rüdiger und Cristian Molinaro (von links).

218 **Berlin, 01.06.2013,** DFB-Pokal, Endspiel, Bayern München – VfB Stuttgart 3:2 (1:0), VfB Fahne in der Berliner Innenstadt.

219 **Berlin, 01.06.2013,** DFB-Pokal, Endspiel, Bayern München – VfB Stuttgart 3:2 (1:0), Fans vor dem Finale in der Berliner Innenstadt.

220 **Berlin, 01.06.2013,** DFB-Pokal, Endspiel, Bayern München – VfB Stuttgart 3:2 (1:0), Ibrahima Traoré beim Torschuss.

221 **Berlin, 01.06.2013,** DFB-Pokal, Endspiel, Bayern München – VfB Stuttgart 3:2 (1:0), Serdar Tasci.

222/ **Berlin, 01.06.2013,** DFB-Pokal, Endspiel,
223 Bayern München – VfB Stuttgart 3:2 (1:0), VfB Spieler werden trotz der Niederlage von den Fans gefeiert.

224/ **Stuttgart, 01.06.2013,** DFB-Pokal, Endspiel,
225 Bayern München – VfB Stuttgart 3:2 (1:0), Mannschaftsbus des VfB am Tag nach dem Finale, Georg Niedermeier, Arthur Boka, Benedikt Röcker (von links).

228/ **Stuttgart, 17.04.2013,** DFB-Pokal, Halb-
229 finale, VfB Stuttgart – SC Freiburg 2:1, Catering-Bereich im Business-Center der Mercedes-Benz Arena nach dem Spiel.

230/ **Stuttgart, 14.02.2013,** Europa League,
231 Zwischenrunde, Hinspiel, VfB Stuttgart – KRC Genk 1:1, Raphael Holzhauser.

232/ **Berlin, 01.06.2013,** DFB-Pokal, Endspiel,
233 Bayern München – VfB Stuttgart 3:2 (1:0), Cacau.

234/ **Stuttgart, 22.08.2012,** Europa League,
235 Qualifikation, Hinspiel, VfB Stuttgart – Dynamo Moskau 2:0, Fan im Außenbereich der Mercedes-Benz Arena.

239

Impressum

ISBN 978-3-492-05614-4

© Piper Verlag GmbH, München 2013

Herausgeber:
VfB Stuttgart 1893 e.V.

Fotograf:
Toby Binder

Konzept/Gestaltung/Redaktion:
KircherBurkhardt GmbH
Rotebühlstrasse 81, 70178 Stuttgart
www.kircher-burkhardt.com

Bildbearbeitung:
Günther Piltz Reproduktionen

Technische Koordination/Lektorat:
Piper Verlag GmbH

Druck/Bindung:
Kösel GmbH & Co. KG

Printed in Germany

www.piper.de